Auf der roten
End 1922

Daucher / Rettenegger / Schörkhuber · Hintergebirge

Schutzumschlag-Vorderseite: Die Große Klause.
Schutzumschlag-Rückseite, großes Bild: Die Große Klause nach der Trift. Kleine Bilder von oben nach unten: Ebenforstalm, »Almmusi« auf der Gschwendtalm, Baden in der Großen Schlucht.

ISBN 3-900310-82-3
1. »unzensurierte« Auflage 1991
Copyright © by Herbert Weishaupt Verlag, Postfach 29, A-8047 Graz, Telefon (03151-8487), [Fax 03151-2024].
Sämtliche Rechte der Verbreitung – in jeglicher Form und Technik – sind vorbehalten.
Gesamtherstellung: M. Theiss, A-9400 Wolfsberg.
Printed in Austria.

HINTERGEBIRGE

Stilles Leben
im grünen Meer

Texte: Gerald Rettenegger
Fotos: Helmut Daucher, Otto Schörkhuber

(Texte und Fotos anderer Autoren sind namentlich gekennzeichnet)

Weishaupt Verlag · Graz

Inhalt

Anstatt eines Vorwortes der Autoren

Eine anständige Frage, einst gestellt:
»Darf man nach Auschwitz noch Gedichte schreiben?«

Meine Frage:
Nach Auschwitz,
nach Hiroshima,
nach Nagasaki,
nach napalmverbrannten Kindern,
mit TV brandneu erstorben,
und millionenfach erlebt
nach Völkerexekutionen
an Kurden,
am Amazonas
und sonst überall.

Spürest du ein Zittern
beim Streicheln eines krebskranken Kindes?
Sein bleiches Weinen
höhlt dich aus,
nach Tschernobyl
zerfressene Gesichter,
zu Fratzen entstellt,
nach Seveso und Bhopal
und nach sonst noch überall
hast du
tausendfache Möglichkeiten,
die Fortschritte unserer Kultur
rechtschaffen zu studieren.

Fortschritt.
Ja, fort, weit fort,
weit weg vom Menschen
hat er seine Heimat.

Fragen über Fragen
beim Ansehen
einer Goldlärche im Herbst,
mitten im Dotterblumensee
gelb und hell
die Sonne im Scheinen
beim Ansehen
meiner stillen Welt
im grünen Meer.

Meine Frage:
Nach alldem...?
Noch etwas beschreiben
von Natur, Landschaft,
von Schönem auf dieser Welt,
das seinen Anspruch auf Wahrheit
beizeiten abgelegt hat:
Wir haben
nach alldem
keine Veranlassung,
Bäume, Quellen, Bäche
so zu beschreiben,
als wäre nichts gewesen,
all das nie geschehen.

Vielleicht so:
Natur ist ohne Verfall nicht mehr beschreibbar,
ohne Wehleiden nicht mehr denkbar.

Und doch,
vielleicht eingedenk all dessen,
feiern wir sie
als eine letzte Ahnung vom verlorenen Paradies,
als letzten utopischen Bezirk,
der uns
im Widerstand
gegen alldem
irgendwie im Leben hält.

G. Rettenegger

Ein Vorwort – in Liebe und Zorn

Allein der Stolz, mit dem sie sich als Hintergebirgler bezeichnen, spricht für die Autoren. Die Hintergebirgler sind keine Hinterwäldler, die sich neuen Entwicklungen verschließen. Im Gegenteil – sie waren ihrer Zeit voraus, als sie die Klammen und Schluchten des Reichraming-Baches gegen ein brutales Stauwerk verteidigten und das größte geschlossene Waldgebiet der Ostalpen als Teil des Nationalpark-Projektes Kalkalpen vorschlugen.

Statt in einem hydroelektrischen Speicher, der bestenfalls so viel Strom geliefert hätte, wie die staatlich gestützte Produktion von Wegwerfdosen und Plastikflaschen verschlang – (laut damaliger Berechnung Winfried Herbsts vom ÖNB, jetzt Arbeiterkammer Salzburg) – sahen die Hintergebirgler die Zukunft dieses weitreichenden Bachsystems mit Trinkwasserqualität und herrlichen Naturbadeplätzen als Refugium von anderswo längst ausgestorbenen Tier- und Pflanzenarten.

Ich habe diese kleine friedvolle und doch bis zum Äußersten entschlossene Gruppe in Aktion erlebt, als wir mit Eberhard Stüber in rauchgeschwängerten Wirtshaussälen vor neugierigen Einheimischen gegen E-Wirtschaftsvertreter und ihnen ergebene Politfunktionäre antraten. Autobusweise hatte man aufgehetzte Bau- und Hilfsarbeiter herbeigekarrt. Wir blickten in die von Haß und Freibier geröteten Gesichter, hörten Hohngelächter und Drohrufe wie »den stich' i« und begriffen, welch schweren Weg die Hintergebirgler vor sich hatten.

Und doch wurden schon hier die ersten Meinungsumschwünge in der Bevölkerung erzielt – auch dank der Anwesenheit oberösterreichischer Medien. Trotzdem war einige Jahre später noch eine konfliktreiche Platzbesetzung nötig, da selbst eindeutige Gutachten

des Grazer Institutes für Umweltwissenschaften und Naturschutz für manche Landespolitiker nicht eindeutig genug gewesen waren: »Das Reichraminger Hintergebirge stellt im derzeitigen Zustand das letzte intakte und größte zusammenhängende Flußökosystem in Oberösterreich dar. Durch seine Geomorphologie, seine Biotop- und Artenvielfalt hat es die Bedeutung eines biogenetischen Reservats und eines ökologischen Ausgleichsraumes, so daß es aus diesen Gründen erhaltens- und schützenswert ist.« (Punkt 10 der Zusammenfassung).

Von Außenseitern und Pionieren

Aus der scheinbar aussichtslosen Position eines Häufchens unverstandener lokaler Naturschützer heraus ist es den Hintergebirglern gelungen, ein Stück österreichischer Naturschutzgeschichte zu schreiben – würdig, neben die historischen Auseinandersetzungen um die Krimmler Wasserfälle, die Neusiedlersee Brücke, das mittlere Kamptal, Dorfertal und Umballfälle sowie die Donau-Auen gestellt zu werden.

In all diesen Fällen ging es um Gewässer als zentrales Landschaftselement. In den meisten dieser Konflikte führte das steigende Wissen um den Wert des Unwiederbringlichen zur Forderung nach einem Nationalpark. Das Besondere im Kampf ums Hintergebirge jedoch ist, daß es hier **Einheimische** waren, die nach einem Nationalpark riefen – sogar gegen die Skepsis auswärtiger Fachleute. Dagegen liegt bis heute die Tragik der anderen Nationalpark-Projekte – ob Neusiedlersee, Osttiroler Hohe Tauern oder Donau-Auen – eben darin, daß die Idee von außen – von Ökologen, alpinen Verbänden, Intellektuellen und Naturbegeisterten aus den Städten in die Region getragen

wurde und bis heute als Bevormundung, Fortschrittsbremse oder schlicht Fremdbestimmung abgelehnt wird.

Abgesehen von Konflikten um bestimmte Nutzungsrechte besteht die örtliche Ablehnungsfront auch dort, wo dem bäuerlichen Grundbesitzer nachweislich »kein Haar gekrümmt würde«, wie im Falle der Donau-Auen oder in Prägraten/Virgental, wo noch 1991 ganze 91 Prozent der Dorfbewohner gegen den Nationalpark stimmten (sich jetzt allerdings ernüchtert darüber zeigen, daß die gewohnten Nationalparkförderungen eingestellt werden sollen).

Fast alle Nationalpark-Projekte Österreichs sind Resultat eines jahrzehntelangen Kampfes. Es scheint fast ein Naturgesetz, daß die erste Generation von Nationalpark-Pionieren dabei aufgerieben wird. Aus meinen Beobachtungen am Neusiedlersee, in Osttirol und in Reichraming – vor allem aber aus den Erfahrungen mit den Donau-Auen – habe ich einen Konfuzius-Ausspruch erfunden:

»Willst du die Menschen kennenlernen, so plane einen Nationalpark.«

Nationalpark bedeutet großräumigen »Ensembleschutz des Lebendigen« in höchstrangigen Landschaften, heißt »Nutzungsverzicht eines Kulturstaates zugunsten der Natur« – zur Sicherung natürlicher Wirkgefüge als Lebensgrundlage ungezählter Tier- und Pflanzenarten und zur Harmonisierung des Naturschutzes mit dem Wunsch des Zivilisationsmenschen nach Naturkontakt. Doch hat das Schutzziel Priorität. Echte Nationalparke schließen kommerzielle Trophäenjagd, gewinnorientierte Holzwirtschaft, Kraftwerksbauten, Ausbeutung der Natur, technische Erschließungen und unkontrollierten Tourismus aus.

Die Nationalpark-Idee, 1872 mit

dem Yellowstone Park/USA begründet, trug von Anfang an dem Wissen Rechnung: Der Mensch erholt sich an der Natur. Doch gleichzeitig – und dies war ebenso neu – enthielt sie die Frage: Wo aber erholt sich die Natur vom Menschen? Naturschutz für den Menschen vor dem Menschen.

Der Natur zu ihrem Recht verhelfen, kaum mehr eingreifen, nichts entnehmen, das Netzwerk des Lebendigen nach seinen eigenen Gesetzen frei entwickeln lassen, voll Ehrfurcht beobachten, Natur in Ruhe lassen – um ihrer selbst willen. Eine selbstlose – vielleicht die höchststehende – Ethik des Umweltschutzes. Und genau dazu ist der Mensch am wenigsten im Stande. Es ist ein Schlag ins Gesicht der Technokratie – jenes totalitärsten aller Regime, die je über Mensch und Schöpfung herrschten – über alle Ideologien und Diktaturen hinweg – denn die Technokratie ist eine Ideologie für sich. Und sie trägt diktatorische Züge. Ihre Gehirnwäsche ist die Werbung, ihr Kult ist der Konsum, ihr Glaube ist die Machbarkeit, ihre Raubzüge heißen Wachstum, ihre Macht über Menschen wirkt nicht durch Unterdrückung, sondern durch Komfort.

Dieser Religion der Machbarkeit ist das tolerante »laissez faire« gegenüber der Natur so fremd wie dem Faschismus die Freiheit der Kunst. Als der Germanist und Reichspropagandaminister Dr. Joseph Goebbels den österreichischen Dichter Josef Weinheber fragte, was man denn für die ostmärkische Dichtkunst tun könne, soll Weinheber nur geantwortet haben: »In Ruah lass'n, Herr Minister, in Ruah lass'n.«

Das ist das Allerschwierigste – auch im Umweltschutz. Vergleichsweise leicht hingegen ist es, den Straßenbauern eine Lärmschutzwand um zig Millionen abzutrotzen, ja sogar die umstrittene Trasse in einen milliardenschweren Tunnel zu verweisen, denn dies läßt den Rubel und die Räder weiterrollen – wenn auch als Staatsschuld und Transitlawine.

Wer hingegen mit dem Schlachtruf: Verkehrspolitik sei nicht gleich Straßenbau die Sinnfrage stellt, und sich zur Entlastung von Staatshaushalt und Umwelt vor Maschinen wirft, lernt Hundestaffel und Gemeindekotter kennen. Wer teure Abgasfilter, große Kläranlagen fordert, wer Kraftwerksingenieuren umweltkosmetische Dammbehübschungen und Lebensräume aus zweiter Hand abringt, wird von ihnen bald geliebt werden – und koste es Hunderte Millionen. Aber den Verzicht auf ein Gewaltprojekt zu erkämpfen – der Natur zuliebe – wie es ein Nationalpark fordert – das kann Jahre, ja Jahrzehnte dauern, kann Karriereverlust, soziale Ausgrenzung bedeuten.

Ist es nicht absurd? In einer Zeit, in der UNO-Konferenzen wegen des rasantesten Biotop- und Artensterbens der Geschichte Alarm schlagen und die Industriestaaten zu beispielhafter Selbstbegrenzung auffordern, müssen ein paar Naturschützer ihr halbes Leben aufwenden, um Gewaltprojekte abzufangen, für die Schreibtischtäter eine halbe Stunde brauchen, um sie zu beschließen.

Das ist das eine Kreuz, das jeder Nationalpark-Planer in Österreich zu tragen hat: Daß vergleichsweise billiger Nutzungsverzicht zugunsten der Natur noch immer viel schwerer durchzusetzen ist als kostspielige Zerstörung und teure Umwelttechnik. Die zweite Hürde, die auch dem Nationalpark Kalkalpen droht, liegt in der Anwendung dieses Schutzbegriffes auf europäische Landschaften.

Denn Nationalpark bedeutet eigentlich »International Park«, wie ja auch im Sport die »Nationalmannschaften« für internationale Begegnungen dienen und internationale Regeln zu befolgen haben oder die »Nationalbank« für internationale Geldbewegungen zuständig ist. Nationalpark bedeutet die Selbstverpflichtung einer Kulturnation vor der Staatengemeinschaft, eine Landschaft von hohem Rang nach jenen strengen Regeln zu schützen, die von der IUCN (International Union for Conservation of Nature and Natural Resources), der höchsten Dachorganisation weltweiten Naturschutzes, festgeschrieben wurden.

Zwei Grundhaltungen darin sind für das Projekt Hintergebirge problematisch: Die Betonung des »Raritätenschutzes« – also der Einmaligkeit, Außergewöhnlichkeit als Kriterium – und die »Wildnisphilosophie« – die überwiegende Freiheit von menschlichen Eingriffen und Nutzungen, die in Europa zunehmend hinterfragt wird, da hier oft gerade die Verbindung mit Kulturtraditionen des regionalen Bauens und uralter, eingepaßter Agrarformen den besonderen Wert schützenswerter Landschaften ausmacht.

Auch der Raritätenschutz »Einmaligkeit« erweist sich als zu enge Grenzziehung, da es heute vielmehr darum geht, neben spektakulären Resten auch große intakte Beispielslandschaften in Sicherheit zu bringen. Analog dazu hat man auch in der Denkmalpflege erkannt, daß es nicht genügt, Kirchen, kuriose Kapellen, Beinhäuser, Wehrtürme, Schlösser oder herausragend originell gestaltete Wohn- und Wirtschaftsbauten zu schützen, sondern, daß die normalen Zeugen traditioneller Alltagskultur – simple Bauernhäuser, Ställe, Speicher und Stadel längst zum Wert geworden sind.

Das Reichraminger Hintergebirge hat keine weltberühmten Gletscher, Wasserfälle oder Seen, es ist kein Feuchtgebiet der Ramsar Konvention wie Seewinkel oder Donau-Auen – aber es ist als größtes geschlossenes Waldgebiet der Ostalpen, durchzogen von einem eindrucksvollen Bachsystem und reich an wilden Tier- und Pflanzenarten, erstaunlich unzerstört auf uns gekommen. Es ist eine österreichische Beispielslandschaft für einen Typus, der früher weit verbreitet war und heute im

Zeichen schwindender Naturräume all unsere Schutzbemühungen verdient – ob mit oder ohne Nationalpark-Etikett.

Allein die Lebens- und Erlebnisadern des Hintergebirges als »das letzte intakte und größte zusammenhängende Flußökosystem in Oberösterreich«, wie es im oben zitierten Gutachten heißt, rechtfertigen all die Anstrengungen. Psychologische Befragungen von Erholungssuchenden und Erkenntnisse der Vergleichenden Verhaltensforschung haben es klar ergeben: Der Mensch liebt »Saumbiotope« – also Waldrand und Ufer. Nach Thor Heyerdahl, seiner fachlichen Herkunft nach Biologe, ist die Wasserrandzone dem Menschen bestimmt und die Wiege seiner früheren Kulturen – ob in Pfahlbau oder Hausboot, ob an Flußlauf oder Küste. Tatsächlich kann man sich angesichts der unwiderstehlichen Faszination, die Wasser schon auf Kinder ausübt – von Pfütze und Brunnen bis zu Bach und Seeufer – des Eindruckes nicht erwehren, daß Gewässer eine ganze Reihe seelischer Grundbedürfnisse erfüllen. Gewässer sind das Charakteristikum fast aller berühmten Promenaden und Wanderstrecken – vom Beethovengang in Nußdorf bis zur Gasteiner oder Krimmler Ache, einem der wenigen Naturdenkmäler mit Europa-Diplom.

Wir wissen heute, daß eine erlebnisreiche Landschaft zu allen Zeiten eine stimulierende Wirkung auf das künstlerische Schaffen ausgeübt hat. Ein Franz Schubert hätte zu seinem Forellenquintett, zu seinen Müllerin-Empfindungen wohl kaum an den Betonrinnen europäischer Industriezonen finden können, Richard Strauss hätte seine Alpensymphonie wohl kaum im Schatten von Staumauern und im Angesicht von Druckstollen und technischen Übererschließungen komponiert. Gustav Mahlers III. Symphonie ist nach seinem eigenen Bekenntnis aus der Attersee-Landschaft entstanden, sein Komponierhäuschen

am Ufer von Steinbach ist heute Pilgerort von Musikbegeisterten.

Mir gefällt der ganzheitliche Zugang zu einer Landschaft, den dieses Buch eröffnet. Mir gefällt wie Helmut Daucher als ehemaliger Bundesheeroffizier darin – mit wissend scharfsichtiger Kamera – sein neues Selbstverständnis von »Landesverteidigung« lebt, seinen friedlichen Kampf für die Heimat nicht gegen Feinde von außen, sondern solche von innen.

Bernd Lötsch.

Mir gefällt Gerald Retteneggers Sicht der Natur, die vom wissenschaftlichen Systemverständnis bis zur Empfindungsebene reicht, der auch Geheimnis und Romantik der »Naturgeschichte« zum Tragen bringt, indem er mit seiner Bachbett-Archäologie in Jugendlichen Entdeckerfreuden weckt, die sie in andere Epochen der Erdgeschichte entführen.

Mir gefällt Otto Schörkhubers Sicht der Menschen in diesem naturnahen Kulturraum, seine Kenntnisse der Mythen und Märchen – denn durch Jahrtausende vermittelten sie Weisheit und Wissen in verschlüsselter Form, belebten sie die Landschaft mit geheimnisvollen Wesen – für uns heute Gleichnis der ewigen Geheimnisse der Natur.

Wie weit es in einem späteren Nationalpark noch »einen Tag mit einem Jäger«, »einen Tag mit einem Holzknechte« geben wird, sei allerdings dahingestellt. Eine ökologische Schalenwildkontrolle wird es wohl geben, auch die Almwirtschaft wird dort, wo es sie seit jeher gab, gefördert werden. Ob es eine sanfte Waldwirtschaft im Nationalpark geben kann – Merkmale etwa: Rücken mit Pferdegespann, Entrinden beim Fällen, so daß die wertvollen Nährstoffreserven in Bast und Borke am Standort verbleiben – auch dies ist noch eine umstrittene Frage. Sicherlich sind kleine Bauernwälder auch in einem Nationalpark anders zu sehen, als der Großgrundbesitz der öffentlichen Hand, der mit beispielhaftem Nutzungsverzicht voranzugehen hat.

Einen Staatsforst aus der Bewirtschaftung zu nehmen und in einen Nationalpark einzubringen, kostet die U.S.-Regierung nicht mehr als einen Federstrich – langwierige Entschädigungsverhandlungen zwischen den Ressorts, mit denen man bei uns Nationalpark-Gründungen um Jahre bis Jahrzehnte verschleppt, sind im Pionierland der Nationalpark-Idee unvorstellbar.

Dieses Buch ist ein Spiegel unserer neuen Werthaltung gegenüber dem Gewachsenen in Natur und Kultur.

Nur allzuoft waren solche Bücher Nachrufe auf eine Landschaft. Möge dieses zur Vorschau auf eine beneidenswert großräumige und unzerstörte Landschaft des künftigen Nationalparks Kalkalpen werden.

August 1991   Bernd Lötsch

Bilder
einer Berührung

»Sie hat oft gedankenverloren
darin geblättert und die Bilder
stumm betrachtet. ›Eine
Landschaft zu schön zum
Sterben‹, hat sie dann gesagt. Eine
Landschaft zum Leben.«
(Franz Lichtenauer, Einschicht)

»Wälder steigen aus Seen von
Dunst, Inseln der Farbe,
gespenstisch umbrandet.«
(Max Frisch)

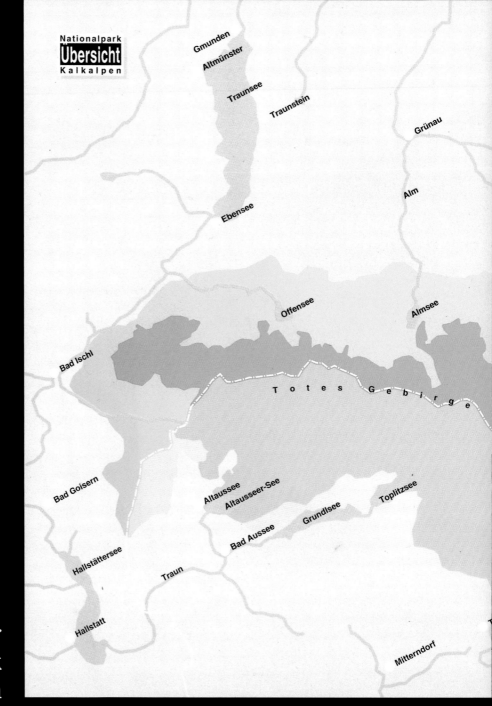

Der Nationalpark Kalkalpen

Das Hintergebirge ist Teil eines weitläufig projektierten Nationalparks, der darüber hinaus das Sengsengebirge, die Haller Mauern, das Warscheneck-Massiv und das Tote Gebirge unter größtmöglichen Schutz stellt.

Das gesamte Planungsgebiet umfaßt in Oberösterreich eine Fläche von ca. 760 km². Der Nationalpark Kalkalpen ist somit der größte Nationalpark Mitteleuropas. In ihm befindet sich das größte Karsthochplateau der Ostalpen – ein Meer aus Fels und Stein, durchsetzt mit alpinen Matten und wertvollen Karrenwäldern. An den Abhängen des Warschenecks erstreckt sich der größte Lärchen-Zirben-Urwald der Alpen. So hat dieser Nationalpark von der waldreichen Mittelgebirgslandschaft bis zum Hochgebirge alle Ökosysteme zu bieten, so daß durch ihn ein großräumiger und vielfältiger Lebensraum für viele vom Aussterben bedrohte Arten bewahrt wird.

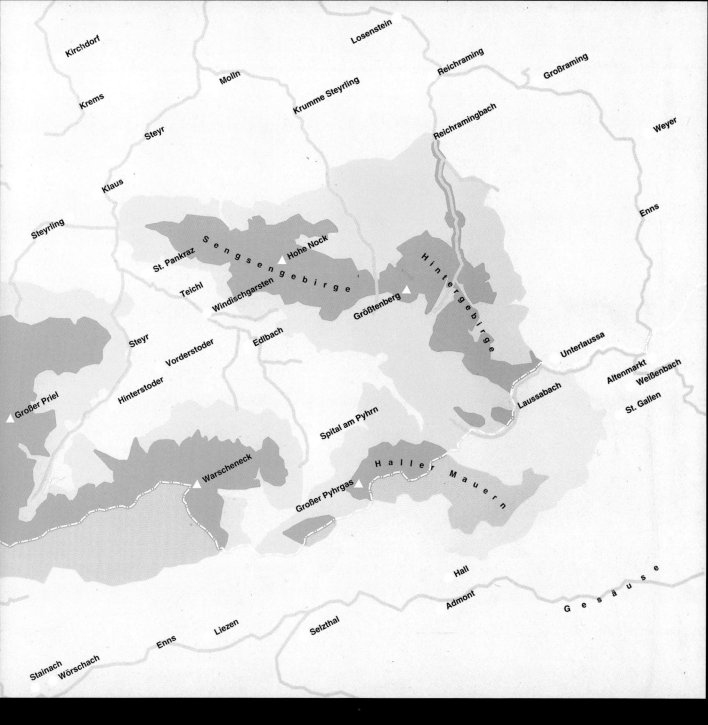

In der »Naturzone« genießt die Landschaft den höchstmöglichen Schutz. Wirtschaftliche Nutzungen werden eingestellt, nur Wandern, Bergsteigen und die traditionelle Almwirtschaft sind erlaubt. Da im Gebiet die einheimischen Großraubtiere wie Bären, Wölfe und Luchse längst ausgerottet wurden, müssen Reh-, Rot- und Gamswild auch in der Naturzone weiterhin bejagt werden. Eine zu hohe Wilddichte würde den Bergwald wegen Verbiß der nachwachsenden jungen Bäume stark gefährden. Sonst bleibt die Natur sich selbst überlassen. Die »Außenzone« dient als Puffer gegenüber dem intensiver genutzten Umland. In ihr sind alle Großerschließungen wie beispielsweise Kraftwerksbauten, Siedlungen und Schilifte verboten. Gleichzeitig wird eine ökologisch orientierte Bewirtschaftung gefördert.

Weitsicht:
Ein Blick ins
Hochgebirge

Kenner wissen es. Die besten Aussichtspunkte für einen Rundblick in
die weite Bergwelt befinden sich auf dem Brunnbacher Gamsstein und
auf dem Wasserklotz. Eine halbe Stunde Wegzeit von der
Gschwendtalm, und du hast – wenn das Wetter paßt – einen Rundblick
von den niederösterreichischen Alpenbergen über das Gesäuse und
die Haller Mauern zum Warscheneck. Spitzmauer und Priel leuchten
uns vom Toten Gebirge entgegen, und die Kalkkette des

Sengsengebirges erstreckt ihren Bogen gleich hinter dem mächtigen
Klotz des Größtenberges. Nahezu alle markanten Punkte des
großflächigen Nationalparks Kalkalpen sind von hier aus
auszumachen. Vom Wasserklotz sehen wir mehr vom Gesäuse, der
»Tafelberg« Buchstein ist zum Angreifen nahe, und wenn der
Frühlingsföhn der Luft allen Dunst nimmt, dann kommen sogar die
Tauern zum Vorschein.

»Und unter Bäumen
läßt es sich gut träumen
vom neuen Frühling.

Im feinen Sonnenweiß der Kronen
vor jenseitigem Blau
blendet zuweilen die Welt.

Ein Sonnenstrahl und die wirbelnden Schneefahnen im Sturm lassen sich erklären und auch nicht. Was ist ein Baum, was ist ein Rabenschrei? Was ist der Mensch? Was Lust und Schmerz? Die Wirklichkeit, die wir wahrzunehmen glauben, was ist in ihr? Gibt es noch andere Farben, als wir sehen? Das Geräusch stürzenden Wassers, die Musik der Stürme, das Singen der Wildfrauen. Braucht es dazu ein menschliches Ohr, oder ist es einfach da, auch wenn seit tausend Jahren niemand zuhört?«
(Rudolf Ägyd Lindner)

Nationalpark Kalkalpen: Tourismusmagnet, beschauliche Oase der Restnatur, oder doch mehr?

Das vorliegende Buch erzählt von einer Landschaft und den Menschen, die hier leben. Von längst vergangenen Zeiten genauso wie von den beherrschenden Themen unserer Tage – von Auseinandersetzungen um Kanonenschießplätze und Kraftwerksprojekte, dem Eintreten zunächst einiger weniger für die »Rechte der Natur«, für ein Umdenken im Umgang zwischen Mensch und Natur, aber auch zwischen Mensch und Mensch.

Die Idee, hier einen Nationalpark zu errichten, wurde schon 1983 von der »Basisgruppe schützt das Hintergebirge« als Alternative zum geplanten Kraftwerksprojekt und als Möglichkeit der wirtschaftlichen Belebung der Region durch »sanften Tourismus« deponiert. Seit Ende 1989 ist es offiziell: Nach einem einstimmigen Beschluß der oberösterreichischen Landesregierung begannen im Frühjahr 1990 die Planungsarbeiten für einen Nationalpark Kalkalpen, der eben auch das Reichra-

minger Hintergebirge – das größte geschlossene Waldgebiet in Österreich, das nicht durch Siedlungen oder Verkehrswege zerschnitten wird – einschließt.

Freilich, allzuviel »unberührte Natur« ist nicht übriggeblieben in den Jahrhunderten menschlicher Siedlungs- und Wirtschaftsaktivität. Richtige Urwälder werden wir vergeblich suchen, und nur dort, wo Forststraßen aufgrund extremer Geländeverhältnisse bisher noch nicht gebaut werden konnten, finden wir noch urtümliche Waldgebiete; sie lassen uns erahnen, wie vielschichtig und eindrucksvoll der Lebensraum Wald einst gewesen sein mag. Den unzähligen Bächen ist das Schicksal des Waldes zum Glück erspart geblieben – sie tragen durch ihre Natürlichkeit und Vielfalt wesentlich zum Reiz dieser Landschaft bei.

Da wird sich so mancher vielleicht die Frage stellen, was wird, oder was soll hier der Nationalpark bringen? Die Standard-Antwort ist schnell gefunden: Ober-

stes Ziel muß der Schutz der Natur sein, oder, wie die international gültigen Kriterien für Nationalparks es ausdrücken: »...wo die höchste zuständige Behörde des betreffenden Landes Maßnahmen getroffen hat, daß die ökologischen, geologischen, morphologischen oder ästhetischen Merkmale, die als Voraussetzung zur Errichtung des Schutzgebietes dienten, unantastbar bleiben.«

Sollte sich bei Ihnen jetzt das Bild einer friedlichen grünen Oase des Naturschutzes – genannt Nationalpark – aufdrängen, umgeben von der Wüste des grauen Alltags, wo alles weiterläuft wie bisher – Sie liegen falsch. Zum einen deswegen, weil »Bewahren« im Naturschutz, wie wir ihn verstehen, nicht bedeutet, einen ganz bestimmten Zustand zu erhalten. Vielmehr sollen der Natur wieder Freiräume geschaffen werden, sich ungeniert ganz nach ihrem Willen zu entwickeln. Nicht die »Natur aus zweiter Hand«, geformt nach der Vorstellung von

»Sanfter Tourismus« im
Reichraminger Hintergebirge.

uns Menschen, ist unser Ziel, sondern die Faszination des »Urtümlichen«, des Wildwuchses.

Zum anderen sind wir aber auch der Meinung, daß sich die Idee »Nationalpark« nicht darin erschöpfen kann, »nur« in kleinen Vorzeigebereichen die Natur zu schützen. Eine wesentliche Aufgabe des Nationalparks ist sicher darin zu sehen, daß der Mensch in der Begegnung mit der Faszination einer ungebändigten Natur wieder lernt, sich selbst als Teil dieser Natur zu begreifen und damit zu einem anderen Umgang mit der Natur gelangt. Ich denke dabei an eine Region, die vorzeigt, wie eine maßvolle wirtschaftliche Entwicklung als Lebensgrundlage der dort lebenden Menschen im Ein-

klang mit einer intakten Natur erfolgen kann;
wo eine schonende Nutzung der natürlichen Ressourcen den Lebensraum auch für die Zukunft lebenswert erhält;
wo die Landwirtschaft nicht von der Quantität leben muß, sondern von der Qualität ihrer erzeugten Produkte leben kann;
wo die Bevölkerung ihre regionale, kulturelle Identität bewahren kann;
wo letztendlich der Besucher des Nationalparks, der Nationalparkregion – vielleicht Sie, der Sie gerade dieses Buch lesen – Natur und Kultur dieses Gebietes als etwas Besonderes begreift. Etwas, das nicht wie gewohnt konsumiert werden will und kann, sondern entdeckt, erlebt.

Bis es soweit ist, ist der Weg noch weit. Und der Erfolg der Idee »Nationalpark«, so wie sie eben skizziert wurde, wird sich nur dann einstellen, wenn der Nationalpark von den hier lebenden Menschen getragen wird, wenn sie die Herausforderung annehmen, diese Idee in ihrer ganzen Breite auch umzusetzen. Dann, und nur dann, hat der Nationalpark seinen Zweck erfüllt.

(Dipl.-Ing. Bernhard Schön, Nationalparkplanung)

Ansichtskarte vom alten Reichraming: am Ortseingang die Messingfabrik.

Anstatt einer lieben und schönen Einführung

Unsere Radexpedition ins Hintergebirge können wir am Bahnhof Reichraming beginnen. Dann haben Sie das Angebot der Österreichischen Bundesbahnen genutzt, schon die Anreise zu einem Abenteuer werden zu lassen. Ein Schelm, der glaubt, daß beim Konstruieren des Feiertagsfahrplans auf die Ausflugsbedürfnisse der Städter Rücksicht genommen wurde. Entweder Sie reisen so ziemlich in der Nacht an oder Sie wollen doch lieber länger schlafen, dann entsteigen Sie am späten Vormittag, wenn die Sommersonne schon ihre Hitze entwickelt hat, dem Waggon. Sie dünken sich schlau und wollen auf das Service unserer »Neuen Bahn« zurückgreifen und ein Fahrrad am Bahnhof mieten. Leider: Heute ist ein schöner Tag, und es gibt doch mehr Frühaufsteher, als Sie meinen, alle Drahtesel sind vergriffen. Sogar das Privatfahrrad des Fahrdienstleiters ist längst unter den Hintern eines Hintergebirgstouristen geraten.

Sie sind also allen Schikanen eines Radfahrerschicksals, das sich dem öffentlichen Verkehrsmittel verschrieben hat, entkommen, kein Pedal gebrochen, Bremsen, Speichen o. k. Dann kann es losgehen. Daß diese komische Wasserfläche hier rechts von der Straße jetzt noch »Enns« heißt und früher ein Fluß war, das wird Ihrem wißbegierigen Ego schon beim Hinausschauen aus dem Zug nicht entgangen sein.

Nach fünf Minuten gemütlichem Einrollen erreichen wir eine Ansammlung von Bauten à la Sechziger, gewürzt mit der obligaten Architektur der Achtziger. Zur Linken prangt ein Höhepunkt an Parteiprotz, Funktionärsästhetik und bautechnischem Nonsens: das Volksheim. Es gibt sogar Leute, die diese gesammelte Geschmacklosigkeit »Ortszentrum« nennen. Im Zuge des Kraftwerksbaus im vier Kilometer entfernten Losenstein mußte um 1960 das ursprüngliche, über Jahrhunderte gewachsene Reichraminger Orts-

bild den Schubraupen weichen. Das Terrain wurde angesichts des drohenden Rückstaus um einige Meter gehoben. Dann schenkten die »Stromleute« der Gemeinde ein neues Ortszentrum. Danach sieht es auch aus. Zum Glück gibt es historisches Bildmaterial, das uns die ehemalige Industrieansiedlung zeigt. Ähnlich dem berühmten Steyrer Wehrgraben reihten sich hier entlang des Baches dichtgedrängt die langgezogenen Werksgebäude der Messingfabrik. Diese goldene Legierung aus Kupfer und Zink wurde in Reichraming bis 1929 geschmolzen, das Werk gab zuletzt über 100 Leuten Arbeit und Existenz. Messing verwendete man früher vor allem für die Erzeugung von Küchen- und Hausgeräten und für die Beschalung von Messern, Dolchen, Degen, Schwertern etc. Die Reichraminger Messingfabrik war gerade in ihren Anfängen ein bedeutender Zulieferer für die Rüstungsmanufakturen. Sie wurde 1569 von Bernard Manstein, einem Kaufmann aus böhmischen Landen, gegründet, »...dem ganzen Lande, sonderlich den Messererwerkstätten zu großem Nutz«.

Wo heute, mitten im Ort, eine große unbebaute Fläche noch ihrer weiteren Bestimmung harrt, erstreckte sich bis in die siebziger Jahre ein großer Sägewerksbe-trieb der Bundesforste. Reichraming war und ist ein Arbeiterort, eine »rote Enklave« im schwarzen Wald. Die Leute in dieser Gemeinde spielten eine Vorreiterrolle in der Arbeiterbewegung auf dem Lande; schnell entstanden in den achtziger Jahren des 19. Jahrhunderts ein Arbeiterbildungsverein, ein Konsumverein und sonstige gewerkschaftliche Untriebe der Metaller. Neben der Messingfabrik gab es am Reichramingbach und in den Seitengräben bis Ende des 19. Jahrhunderts ein blühendes Eisengewerbe. »Was heute die VÖEST in Linz für ganz Österreich darstellt, das bedeutete damals das Eisenwerk Reichraming für Oberösterreich: es beherrschte und belieferte die gesamte Eisenindustrie des Landes.« (Baron, 1971)

Dementsprechend spät, nämlich 1909, wurde in diesem Tal der ungläubigen Gesellen eine Pfarrgemeinde und ein dementsprechendes Kirchendomizil eingerichtet. Eine novellierte Sage erzählt, daß sich der Teufel darüber so geärgert hätte, daß er eine Riesentanne nahm und, Verwünschungen ausstoßend, vom Schneeberg herunterrutschte. Die »Tannscharte« war entstanden. Der Teufelsfluch lebt und bebt, immer wieder stürzen von ihr ausgehend Felsen und Steinlawinen zu Tal, schlagen lange Schneisen in den Wald.

Wir treten auf unseren Drahteseln den Bach entlang der Ortschaft Schallau entgegen. Jenseits des Wassers bestaunen wir ein häßliches Fabriksgebäude: Hier wird die örtliche Kindheit mit Bildung bearbeitet. Hinter Efeu versteckt, auf der Höhe der »Schrabacher Wehr«, ist eine Gedenktafel in den Konglomeratfelsen gesetzt, die an den Bau der jetzt schon legendären Reichraminger Waldbahn, deren erstes Teilstück 1921 eröffnet wurde, erinnert. Ein Relikt aus dieser Bahnzeit fristet als Ausstellungsstück sein Dasein: Am Straßenrand, neben dem Forstverwaltungsgebäude im Ort, steht

eine grünangestrichene Diessellok mit Anhänger. Wir radeln im wahrsten Sinne des Wortes auf den Spuren dieser 1971 eingestellten Schmalspurbahn, denn diese Straße ins Hintergebirge wurde auf der ehemaligen Bahntrasse angelegt – ein Segen für uns Radfahrer, schließlich verspüren wir dadurch über mehr als 20 Kilometer kaum eine Steigung.

Die Forstzinshäuser der Schallau lassen wir schnell hinter uns, vor Jahren wäre hier ein altes, gut erhaltenes Sägewerk mit Vollgatter zu bestaunen gewesen. Die modernen Holzingenieure hatten vor kurzer Zeit für sie nichts mehr

anderes übrig als die Schubraupe. An der Mündung des Sulzkanals, früher, als er sich noch ungehemmter durch den Graben schlängelte, hieß er »Sulzbach«, erstreckte sich das weite Rund des Schallauer Rechens. Mittels dieser gewaltigen Holzkonstruktion wurde hier das Triftholz aus dem Hintergebirge aufgefangen und ausgeländet. Vereinzelte Piloten im Bachbett zeugen von diesem Bauwerk.

Wir verlassen das eigentliche Siedlungsgebiet, die nächste Ortschaft heißt Dürnbach; früher befanden sich hier Kohlenmeiler und Eisenhämmer, jetzt leben da ein

Das »Türkenhaus« (Aufnahme 1991).

Unten: Eine bodenständige Demonstration der Reichraminger Arbeiter für die sozialistische Weltrevolution.

paar Forstarbeiterfamilien. Alles Leben in diesen entlegenen Gräben ist eines auf Abruf. Es scheint, als warte alles auf neue Zinshäuser im Ort draußen, um endgültig aus der Einschicht abzuwandern. Das hohe Steingebäude, in den Hang zur Linken gebaut, das »Türkenhaus«, soll das älteste noch erhaltene Gebäude Reichramings sein. Diese Information sei Ihnen nicht vorenthalten. Die Flur rundherum nennt sich »Türkei«, der Wiesenkamm oberhalb wird von den Einheimischen »Türkenriedel« genannt. Namen, die auf den Standplatz eines Türkenlagers um 1683 hinweisen sollen.

Nun treffen wir nur mehr vereinzelt Häuser, in der Mehrzahl sind sie zu Wochenenddomizilen verkommen. Wir können uns jetzt getrost der Landschaft widmen: Warum dieses »Raming-Tal« das stolze Attribut »Reich« trägt, weiß hier jedes Kind, selbst das Gemeindewappen gibt Auskunft: »Reich an Wald, Wild und Wasser!«

Ortsnamensforscher haben, losgelöst vom stolzen Lokalgeist, eine sprachgeschichtlich fundierte Erklärung: Wie bei so vielen Namen in unserer Gegend ist auch dieser Name frühslawischen Ursprungs. »Rubinica«, slowenisch »Ribinica«, heißt Fischbach. In den Urkunden ist die Lautumwandlung zu »raming« nachvollziehbar: rub-

nich, raumnich, röming, remink. Die weitverbreitete Endsilbe »ing« ist die später bajuwarisierte Form des slawischen -nich, -nik. Daß unsere Vorfahren mit ihrer Namensgebung richtig lagen, dafür genügt ein Blick in einen der vielen tiefgrünen Tümpel. Es könnte ja sowieso sein, daß Ihnen vom vielen Strampeln schon heiß geworden ist – dann nehmen Sie gleich auch ein frisches Bad im Bach, das Wasser prickelt so richtig schön auf der Haut und läßt so manche Muskelschwäche vergessen. Jeder Tümpel, der bei den Einheimischen was zählt, trägt einen speziellen Namen: Nach einem ehemaligen Besitzer des Almgutes heißt einer »Barontümpel«, der unterm »Pranzl« trägt eben diesen Namen, weiter drinnen gibt es den »Sandlertümpel«. Ein Name, der aus unruhigen Naturschützerzeiten herrührt. Hier war der Sommertreffpunkt dieser »grünen Bande«, deren Mitglieder, so die Meinung einiger Bürger, großteils aus den Sandlerprofessionen Lehrer, Studenten und Schüler kamen. Merken Sie sich das ein für allemal: Daß Sie heute diesen Bach bewundern können, verdanken Sie diesen Sandlern, die sich gegen ein Großkraftwerk und somit gegen die Trockenlegung dieses Tales anständig gewehrt haben. Wo waren Sie damals?

Die Himmelstürmer unter Ihnen sind schon längst an der Mündung des Weißenbaches vorbeigerauscht. Dieser Nebengraben beherbergte eine Holzknechtsiedlung, in früheren Zeiten sogar einen Eisenhammer und Kohlenmeiler. Jetzt steht dort eine Garage, eine Bienenhütte und eine zerfallene Kapelle. Brennesselwiesen, Hollerstauden, Obstbäume und eine dicke Linde an der Weggabelung zeugen von dieser neuzeitlichen Wüstung. Früher erstreckten sich Wiesen und Weiden bis weit hinauf auf den Berg, sonniger, heller und trockener war das Tal, jetzt gewinnt der Wald wieder die Oberhand, eintönige Forstkulturen bedecken die ehemaligen Mahdwiesen.

Vielleicht denken Sie sich schon, so viele Zeilen hat dieser Mensch schon geschrieben, er kommt auf alle möglichen grauslichen Dinge zu sprechen, wird ab und zu sogar politisch, nestelt hie und da sprachlich unter unserer Gürtellinie herum und vergißt dabei ganz und gar auf die unvergleichliche Schönheit dieser Landschaft. Das würde Ihnen so passen, ist da meine Antwort, das würde Ihnen so richtig ins Feiertags- und Ferienkonzept passen, daß ich Ihnen das auch noch vorkaue, daß ich für Sie so richtig lieb auf Ästhetik mache, auf kristallklaren Bächen, einsamen Schluchten, verlassenen Blumenwiesen, auf dichten Urwäldern im fernen Tal, auf tosenden Klammen, wilden Gräben, brausenden Wasserfällen, versteckten Hüttenidyllen bei flackerndem Herdfeuer, auf spaßigen Bergkameradschaftsgschichtln, auf Abenteuern in namenlosen Gefilden, auf Blumen-, Tier-, Mineral- und sonstigen Raritäten herumreite, Sie über dieses oder jenes Highlight (»Naturjuwel«, »grandioses Schauspiel«, »Paradies«, »herrliche Kulisse« usw.) stolpern lasse. Kommt gar

nicht in Frage: Sie haben – in der Regel – selbst Augen im Kopf, zwei Ohren, eine Nase, ein Herz, einen Bauch – kurzum, Sie haben all Ihre fünf oder sechs Sinne so gut es eben geht beisammen. Dann erleben Sie doch das Hintergebirge auf Ihre ganz persönliche Art, nach Ihrem Gefühl für Landschaft, Leute und Natur. Eine Wanderkarte ist schnell zur Hand (erhältlich in den örtlichen Trafiken oder in Gasthäusern), denn die beste und die einfachste und müheloseste Weise, das Hintergebirge zu »erfahren«, haben wir für Sie ja schon ausgewählt: Per Rad hinein, vielleicht eine Rast oder ein Bad beim Bach, vielleicht über Keixen oder Hochschlacht oder Weißwasser auf die Anlaufalm zwecks Jausen- und Mostvergnügen, vielleicht eine Reise von Bahnstation zu Bahnstation, von Reichraming nach Unterlaussa und Altenmarkt/Weißenbach. Tun Sie, was Sie nicht lassen können, aber beachten Sie bitte die Verhaltensregeln, die weit über die massenhaften Drohungen der Rad-Fahrverbotstafeln hinausgehen. Sie kommen hier in ein nahezu unberührtes und unbelastetes Gebiet, tragen Sie dazu bei, daß es so bleibt.

Indem ich es Ihnen 'mal so richtig reingesagt habe, ist auch die Stunde schnell vergangen, die wir von Reichraming zur Großen Klause brauchen. Hier läßt es sich länger innehalten. Gleich oberhalb des verfallenden Holzkastens der ehemaligen Klause steht eine putzige Jagdhütte, von dort wagen Sie einen Blick hinab in die Klamm und trinken einen frischen Schluck vom Hüttenbrunnen.

Es könnte natürlich sein, daß Sie so aufs Geratewohl losgefahren sind, weder nach links oder nach rechts schauend, und Sie sich jetzt im Brunnbach wiederfinden, vergeblich eine beeindruckende Klausklamm suchen, sondern ein Kirchlein, ein paar Häuser und einen Wirt vorfinden. Dort können Sie dann Ihren Frust, daß Sie auf halber Strecke einfach geradeaus-

gefahren sind, anstatt bei der Maieralm rechts über eine Brücke abzubiegen, in Bier ersäufen. Ein Vorteil, der Sie sonst nirgends im großen Bachtal erwartet: Zum Glück hat sich hier noch keine wie immer geartete Jausenstation eingefunden, obwohl sich die vielen, nahezu leerstehenden, Holzknechthütten ideal dafür eignen würden, wie »Tourismusexperten« drohen. Eine davon ist die Klaushütte, erbaut zu Maria Theresias Zeiten. Sie ist die älteste noch guterhaltene Holzknechthütte im Hintergebirge. Das genaue Errichtungsjahr können Sie durch die eingeschnitzte Jahreszahl an der Pfostenwand erfahren. Wenn Sie sich ordentlich benehmen, dann dürfen Sie hier auf der Bank rasten, jausnen und trinken (Oh Weh! Schimpf und Schande komme über Sie, wenn ich ahne, was Sie da aus dem Rucksack hervorstehlen: Aludosen sind hier verboten! Unterstehen Sie sich! Die Ausrede: »Ich nehm sie eh wieder mit!« zählt vor unserem Umweltauge nicht, beim Kauf haben Sie sich schon für eine große Energieverschwendung entschieden: Mit dem Stromeinsatz für eine Getränkedose kann sich ein Mann vier Jahre lang jeden Tag elektrisch rasieren...).

Ein oberflächlicher Blick auf die Umgebung hier zeigt uns, daß der Bach zwei Landschaftstypen voneinander trennt: Hier, auf der (in Fließrichtung gedacht) linken Seite sind die Gräben zerklüfteter, tiefer, die Hänge steiler, felsiger, der Boden ist karg, wie uns der Baumbewuchs zeigt – es überwiegt eher schütterer Laubmischwald, die Buche dominiert. Wie anders die östliche Seite: Hier dominieren sanftere Formen, der Boden wirkt lehmig-schwer, die Forstkulturen, gestockt aus Fichte und Fichte, gedeihen prächtig. Der junge und weiche Gosaukalk, eine Zunge reicht hier vom Windischgarstener Becken weit nach Norden, gibt diesem Gebiet um Weißwasser und Brunnbach seine wellige, nicht so grobe Form.

Vorbei am Föhrenbach (das letzte Waldtal, das noch keine Forststraßenbauer gesehen hat) und an der Keixen geht es zur »Großen Schlucht«. Hier, am Annerlsteg, beginnt der »Triftsteig«, ein eineinhalbstündiges Schluchterlebnis der besonderen Art für den, der schwindelfrei und trittsicher ist. Als Alternativprogramm führt rechts ein Weg in Serpentinen zur Hochfläche der ehemaligen Annerlalm – dort oben können Sie dann nach den Schluchtmäandern Ausschau halten und über die Wällerhütte und durch die langen Tunnels wieder zum Ausgangspunkt zurückkehren. Egal, wie Sie es machen mit der »Großen Schlucht«, nach dem zweiten Tunnel blicken Sie kurz an einer Felsrinne nach oben. Dort können Sie einige Eisenhaken ausmachen und sich dann vorstellen, daß in dieser schwindelerregenden Höhe früher der Hauptsteig zur Wällerhütte, dem Holzknechtstützpunkt im zentralen Hintergebirge, führte. Ohne unnötig zu übertreiben, wurde dieser durch Galerien gesicherte Felsenweg auch »Hohe Stiege« genannt. Damals, in Vorbahn- und Vorstraßenzeiten, führte in nahezu jeden Graben, war er auch noch so tief und »fuchsteufelswild«, ein Holzknechtweg oder ein Triftsteig.

Da haben wir den Salat! Hab' ich doch die ganze Zeit stillschweigend angenommen, Sie hielten sich an die punktgenauen Vorschriften bezüglich der Fahrradzeiten hier am Radweg. Und was tun Sie? Sie fahren an einem Wochentag ins Hintergebirge, oder Sie wollen einen Pedalritt auf verbotenen Wegen Richtung Haselschlucht antreten, obwohl dies alles strengstens verboten ist! Sie haben sich damit nicht an die Gesetze der Republik Österreich gehalten und werden jetzt dem gerechten Zorn des gerade anreisenden Revierförsters vom Hintergebirge ausgesetzt. Hochrotes Gesicht, stämmige Gestalt, »Forstdjango«, er schreit Ihnen Ihre sofortige Ausweisung aus dem Hin-

tergebirge entgegen: »Hinaus! Hinaus!« Da muß ich Sie leider Ihrem bedauernswerten Schicksal überlassen. Schließlich haben Sie diesen Waldfrevel begangen!

Wir Braven radeln auf etwas bequemeren Wegen am Schleierfall vorbei durch die Schlucht der »Schwarza« (»Schwarzer Bach«) nach »Weißwasser«. Hier hat uns ganz und gar die Geologie des Gosaukalks eingeholt, das Tal öffnet sich, der Wald wächst üppiger. Dieses Gestein enthält außerdem einiges an Fossilien (Schnecken, »Hörndln«, Ammoniten etc.) und Erzen. Zu menschlichen Urzeiten wurden am Blaberg Eisenerze abgebaut, später gewann man aus dieser brüchigen, rotbraunen Steinerde Bauxit für die Aluminiumindustrie. Heute deutet kaum mehr etwas auf die einstige große Bergwerkszeit hin, Häuser und Unterkunftsbaracken sind geschliffen, einzig das »Knappenhaus« am Blaberg wartet noch auf sein Schicksal, besonders findigen Spurensuchern zeigen sich mitten im dichten Wald ein paar Stolleneingänge, versteckt hinter Stauden und notdürftigen Holzverschlägen. Dort, wo noch vor dreißig Jahren geschäftiges und lautes Treiben herrschte, dort ist das Land schon längst wieder in sein stilles Leben versunken.

Kühles Bad an heißen Tagen.
Tiefe Erinnerungen an einen Sommer mit euch. Ein Paradies, das uns keiner mehr nimmt.

Vom »Annerlbauer« zum »Zorngraben«: Über die Herkunft der Wörter

Ich nehme die neueste ÖK (Österreich-Karte, Bundesamt für Eich- und Vermessungswesen) zur Hand, vielleicht beschaffe ich mir ebendort eine Kartenkopie von 1880, und schon kann ich mir auf eine erstaunlich einfache Art ein Bild von der Geschichte einer Landschaft, die ich noch nicht kenne, machen. Orts- und Flurnamen legen Zeugnis davon ab, wie das Land urbar gemacht und genützt wurde, welche Leute hier das Sagen hatten und vielleicht noch haben, da Almen und Waldungen ihre Namen tragen, welches Aussehen markante Berge haben, welche Pflanzen und Tiere wo in auffallender Menge vorkommen, welche geologischen Verhältnisse vorherrschen, ob Erze, Mineralien oder Fossilien vorkommen ... Ich brauche mich vorerst gar nicht mit der Frage herumschlagen, ob slawische, keltische oder bajuwarische Urlaute exotische Namen sie zu solchen machten, gewürzt vielleicht durch bewußte oder unbewußte Hörfehler so mancher Kartographen. Uns genügen die einfachen, leicht verständlichen Bezeichnungen.

Daß Bauern aus dem Garstnertal die ehemals weiten Almflächen im südlichen und zentralen Hintergebirge betrieben, die »Annerlbauer«, »Weingartner«, »Jörglbauer«, »Weißensteiner«, »Dörflmoar«, »Windhager«, »Berger«, »Jodlbauer« oder »Menauer« hießen und die Almen deshalb ihren Namen tragen, liegt auf der Hand. Auch der »Aschauer«, »Kogler«, der »Niglbauer« und der »Ortbauer« betrieben ihre Almen im Hintergebirge. Daß die »Anlaufalm« deshalb so heißt, weil von ihr aus der legendäre Brunnbachlauf gestartet wurde und allzu Verwegene einen mächtigen Anlauf nahmen, kann bestritten werden. Daß die »Weingartalm« ihren Namen einer ehemaligen Rebenpracht verdankt, können wir zwar in einem Buch nachlesen, ist aber trotzdem falsch: Ihr Besitzer hieß »Weingartner«, kam aus dem sonnigen Garstnertal und erfreute sich vielleicht dort vor ewigen Zeiten eines edlen Tropfens.

Eine ganze Reihe von Namen bezeichnen verschiedene Wirtschafts- und Bewirtschaftungsformen: So deuten der »Kohlersgraben«, der »Rauchgrabner« (dort, auf dieser Brunnbacher Anhöhe, werden wohl die Holzkohlenmeiler ständig geraucht haben) und die »Kohlstatt« auf die schwarze Zunft hin, der »Scheiterkogel«, der »Ameisbach« (meis = schlagbarer Holzbestand, ameis = Holzschlag), die »Bretterries« und die »Große Klause« zeugen von der intensiven Waldwirtschaft, während die »Brandlucke«, die »Brennhöhe«, der »Brunnbach« (wahrscheinlich aus »Brenn(t)bach« entstanden), das »Gschwendt«, das »Stummerreut« und das »Steinfeldnerreut« auf die Art der Rodung hinweisen (brennen, schwenden, »reuten« = brandroden).

Naturgemäß haben sich die verschiedenen Weidenutzungen auf die Namensgebung niedergeschlagen: Bei der »Geißlucke« tun wir uns mit der Erklärung nicht schwer, welches Viehzeug hier einmal Flurschäden anrichtete, genausowenig beim »Schafgraben«. Am »Wasserklotz« (nomen est omen) gibt es einen blumenreichen Felsmugel, den »Astein«. Dieses einsame »a« kommt vom Mittelhochdeutschen »ouwe« und heißt Mutterschaf. An diesem Fleck dürften also Schafe gehalten und gezüchtet worden sein. Auf ein heute verpöntes Jagdwerk deutet die »Vogeltenne« oberhalb des Sonnbergbaches hin. Der »Alpstein« prangt mitten in einem großflächigen Almgebiet, sein Name läßt keinen Zweifel offen, ebenso können wir das vom »Halterhüttental« am Westabhang des »Größtenberges« behaupten. Hier, am Sattel zwischen dem Großen und Kleinen Größtenberg stand noch vor 100 Jahren eine ansehnliche Almhütte, eine Hundertschaft an Schafen fand dort oben ihre Sommerweide.

»Blähen« nannte man früher die Verhüttung des Erzes. Daß der »Blaberg« eine große Bergbautradition hat, wissen wir nicht erst seit den Zeiten des Bauxitabbaus in »Weißwasser«.

Einfach zu enträtseln sind auch Namen, die auf einen speziellen Baum- und Strauchbestand hinweisen: »Föhrenbach«, »Eibeck«, »Kienrücken« (Kien = Föhre), »Ahorntal«, »Lärchkogel«, »Haselbach«, »Eschenkogel«. Auffallende Häufigkeiten an Tierbegegnungen schlugen sich ebenfalls auf die Namensgebung nieder. Längst ausgerotteten Arten wurde somit ein Denkmal gesetzt: »Luchsboden«, »Bärenmauer«, »Falkenmauer«, »Geiernest«, »Rabenmauer«, »Nattereck«, »Kitzkogel«, »Fuchsgraben« usw. Gleich drei Berge sind mit dem Jäger- und Wildererprädikat »Gamsstein« ausgezeichnet, weiters gibt es einen »Gamsbach« und einen »Hirschkogel«.

Die Mehrzahl der Berge, Waldmugel, Gräben, Schluchten und Bäche wurde nach ihrem besonderen Aussehen bezeichnet: Vom »Schneeberg« leuchten noch bis spät ins Frühjahr hinein weiße Flecken ins grüne Reichraminger Tal, in »Weißwasser« und im »Weißenbach« hebt sich der helle Kalkschotter merklich von der

Der »Größtenberg«, gleichzeitig der höchste Berg des Hintergebirges.

Umgebung ab, wegen ihrer markanten Geländeform erhielten der »Wolfskopf«, der »Predigtstuhl«, der »Hochkogel«, der »Langfirst« und der »Breitenberg« ihre Namen.

Das »Goldloch«, eine üppige Karstquelle in der »Haselschlucht«, hat zwar einen geheimnisvollen Namen und läßt etwas von Kostbarkeiten, Schatz und so erahnen, die altdeutsche »wazzer galle« (galle = Quelle, Galltloch – Goldloch) raubt uns alle Phantasien vom Goldrausch im Hintergebirge. Der »Schneckengraben« und die »Hörndlmauer« weisen sich als reichhaltige Fossilienfundstätten aus. Der größte Berg im Hintergebirge ist schließlich der »Größtenberg«, den Bachlauf mit der reichhaltigsten Wasserfracht nennen wir den »Großen Bach«.

Eine nähere Recherche über die Namensherkunft des »Zorngrabens« erübrigt sich. Da denke ich nur an ein bestimmtes Gefühl, das mich überkommt, wenn ich dort die breite Forststraße sehe.

Das »Goldloch«.

»Zärtlich blickt sie in das Geheimnis goldener Wellen: Blaue Ahnung treibt aus unendlicher Ferne ihrer Seele entgegen. Sie schaut das Wasser, sie schaut den Himmel.« (G. Rettenegger)

Über das Land zwischen Enns und Steyr

»Frische Quellen und große Bäche bewässern die Täler oder stürzen sich über Felsentrümmer in den schönsten Wasserfällen herab. Klar und grün sind ihre Fluten wie die Berge, die sie durchziehen, und wo sie sich in alter Zeit die Bahn gebrochen haben. Tiefer im Gebirge starren wohl nicht ewige Eisberge oder Gletscher in die Wolken hinan, aber auch hier ragen die hohen Felsen und ihre Gipfel wie riesige Säulen empor, wenn sie im grimmigen Winter von Eis und Schnee erstarren. Wenn dann die Sonne höher steigt, der Schnee aus seiner Ruhe und in Bewegung kommt, so stürzen auch hier Lawinen, wie ein Silberstrom, von den Bergen und Felsen donnernd in die Täler. Spät kommt der Frühling, aber schneller treibt der Keim und die Blüte in den frischen Tälern und auf den Hügeln; schöner ist das Grün der Bergwiesen mit den duftenden Alpenkräutern, üppiger wächst es empor. Die Bäche rauschen in vollem Rinnsal daher und beginnen ihr munteres Spiel. Heiß brennt die Sonne in den Schluchten und schnell reifen die Saaten, damit nicht der verderbenbringende Winter sie überfalle. Laut rollt der Donner in den Felsenschluchten, und der Widerhall geht vielfach durch die Täler, und wenn dann der losbrechende Sturm die Tannen und Eichen schüttelt, oder der Blitz sie zerschmettert; wenn die Felsen beben, als wollten ihre Gipfel in die Tiefe stürzen; wenn der Hagel rasselnd von dem nackten Gestein abprallt und die Fluren zermalmt; wenn die Wolken des Himmels sich entladen, und die Gießbäche in hundert Wasserfällen von den Felsen abstürzen, die Gewässer verheerend durch die Täler eilen: dann fühlt man die Größe der Natur und ihre Macht.

Wenn dann die Donner schweigen, Ruhe und Stille herrschen, die Berge gleich Opferaltären empordampfen, und der kühle Abend erfrischend sich auf den Tälern lagert, und der Mond mit seinem Silberglanze über denselben schwebt, so regt sich selbst den Unempfindlichen die Schönheit und Lieblichkeit der Natur zur Bewunderung und Freude an.«
(Aus: Anton Rolleder, Heimatkunde von Steyr. Steyr 1894)

»Seele des Menschen,
wie gleichst du dem Wasser!
Schicksal des Menschen,
wie gleichst du dem Wind!«
(Johann Wolfgang von Goethe)

Eine Winterreise zum Borsee

nebst einer höchst eigentümlichen Begegnung mit erzbischöflichem Jagdpersonal

So kalt war der Winter schon lange nicht. Ich verlasse den warmen Waggon bei der Bahnstation Schönau, es ist 10.46 Uhr, die ÖBB-Odyssee in diesen fernen Grenzwinkel zwischen Oberösterreich und der Steiermark ist zu Ende, mein Atem dampft, da scheint schon die Februarsonne, in der Nacht ist frisches Pulverweiß gefallen, es knirscht unter meinem Schritt, frische Schneenebel überm Tal, ab und zu eine verirrte Flocke.

Mein Weg geht durch das eingefrorene Dorf, eine Jausenstation will mich zur Einkehr auf heißen Tee bewegen, unbeirrt schreite ich weiter, Wanderweg Nr. 498, die letzten Forsthäuser, kein Hund vor den Türen, eine Alte huscht zur Holzlade, grüßt leise vor sich hin.

Mein Ziel ist der Borsee. Ein ehemaliger Klaussee, erhalten geblieben wegen der Fischzucht, der einzige See am Rande des Hintergebirges. Eine gewagte Forststraße im Kalkfels, oberhalb mächtige Steinplatten, 'mal horizontal, dann aufgestellt, weit unten der Schleifenbach.

Ich suche nach Überresten der alten Holzbringung: Ein Triftsteig? Holzknechtwege? Galerieeisen? Riesenholz? Der Schnee wird tiefer, die Schlucht auch, gerade noch eine Fahrzeugspur, der Bach unter blauem Eis, die Sonne kommt hier nicht herein. Nach einstündigem Schneestapfen eine Krippe für Rehwild, aufgewirbelte Heubüschel rundherum, am Straßenrand drei mächtige Fichten, eine mit leuchtendem Rot besprüht, »13 fm«, ich rechne nach, wären sie gutes Bauholz, dann käme eine hübsche Summe zusammen. Hangaufwärts junger Buchenbestand, einzelne Eschenzweige wachsen dem Himmel entgegen, eine Rotkehlchenkolonie ganz oben im Geäst, eines pickt ungeduldig aufs Holz, die anderen starr, wie angefroren, orangerote Punkte im Grauschwarz.

Ich werde fündig: Erbärmliche Reste einer Holzriese am Boden, die Keilverbindungen gut sichtbar, gewagte Rutschpartie auf den Blochen. Der Weg wird flacher, der schwarze Bach stürzt unten über Steilstufen, ein filigraner Knüppelsteg quert ihn, die Hänge weichen zurück, weites Tal, kurzes Schlängeln des Baches, dann ein Erdwall, eine überraschend weite weiße Fläche: die Klause, der See. Das stille Wasser ist eingefaßt vom dichten Wald, oben ist es schon verlandet, ein Flachmoor beginnt sich zu bilden. Alte Karten berichten von einem See weiter oben, dem Iserlingsee. Seine Überreste sind deutlich zu sehen: Birken, Krüppelfichten, Erlen bilden die kümmerliche Vegetation auf dem feuchten Boden des verlandeten Wassers.

Beim Borsee hindert noch morsches Torholz das Seewasser beim Auslaufen, es spritzt, zischt aus Löchern, Gurgeln unterm Eis, das meinen Schritten standhält. Am anderen Ufer ein Bootsverschlag, eine Jagdhütte abseits im schütteren Erlenweideneschenbuchenwald, übliche Rustikalbänke von der Stange, das Klo hängt dem Bach entgegen, zwei kleine Birken.

Das Sonnental lädt zum Weitergehen ein. Eine signalgrüne Tafel »Befristetes jagdliches Sperrgebiet. Betreten verboten« möchte daran hindern. Motorenlärm kündigt unheimliche Begegnungen an, zwei Männer im grünen Geländewagen, dienstlicher Blick. »Habe die Ehre«, mißtrauische Blicke statt Gruß zurück, rote Gesichter, vom Teeschnaps oder aus Zorn gegen den fremden Eindringling. Sie sind die Jäger, jawohl, sagen sie, die Sperrzone ist behördlich abgesegnet, nichts zu machen für mich, das alles und noch viel mehr gehört dem Herrn Erzbischof aus dem fernen Salzburg. Wanderer beunruhigen das Wild, Jäger nicht. Bewaffnet mit Fotoapparat, Notizblock und Bleistift, fragendem Blick und augen-

scheinlich »grüner Gesinnung« bin ich dem erzbischöflichen Jagdpersonal ein mehr als suspekter Anblick, schnell machen sie sich davon.

In Eders Namen trete ich halt den Rückzug an. Ein Salut dem Erzbischof. Nur zu gern wäre ich dem Wanderweg zur Viehtaler Alm gefolgt. Dort nämlich können wir die wundersamen Auswirkungen der

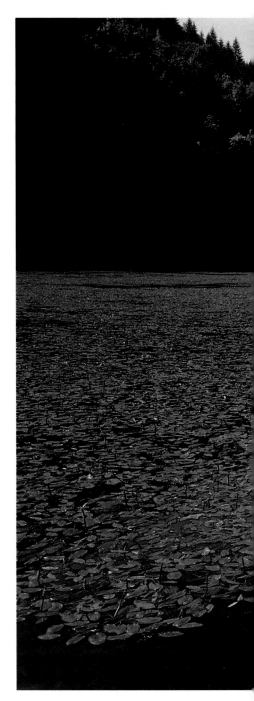

erzdiözeslichen Wirtschaftsführung bewundern: die ÖMV-Bohrstelle, eine Betonfläche so groß wie zwei Fußballplätze, hoch oben auf der Alm, in einem zukünftigen Naturschutzgebiet, am Rande des Nationalparks, mitten in bunten Orchideenwiesen. Und die geistlichen Herren aus Salzburg ließen die ÖMV des schnöden Mammons wegen auf ihrem Besitz den Zufahrtsweg zur Bohrstelle graben. Sie ermöglichten so das Betonieren. Junge Christen jeden Alters besetzten die Baustelle, da mußten

die Politiker, die sich hinter rechtsgültigen Bescheiden verschanzten, und die Schwechater Herren vorerst klein beigeben.

Am Borsee.

Menschenbilder

Menschenbilder: Wir haben das Besondere gesucht und das
Gewöhnliche gefunden. Das Besondere an diesem Gewöhnlichen ist,
daß es unzeitgemäß scheint. Auch bei den Leuten vorm Hintergebirge.
Die Biographie eines Ölrowdys aus Texas ist vielen näher als die einer
Bäuerin, so manche Abenteuer eines Safarihelden aus »Jenseits von
Afrika« ist den Leuten geläufiger als die Arbeit eines Revierjägers.
Hotelmanager diverser Fernsehhiltons haben Respekt, der kleine Wirt,
der weit hinten im Graben gerade noch überlebt und erklärt, daß bei
ihm alles so bleibt, »wie es herkömmlich immer war«, wird mitleidig
belächelt. Mit unseren Menschenportraits wollen wir dem landläufig
Gewöhnlichen ein kleines Denkmal setzen – als Kontrapunkt zu den
scheinbaren Großartigkeiten unserer Konsumkultur.

Kulturlandschaft; Landschaftskultur; Kultur einer Landschaft

Menschen prägen ihre Landschaft. Die Landschaft, ihr Relief, ihr Klima, prägt die Menschen.

Das Bergland an der Enns, vor allem die höhergelegenen, von Eiszeitgletschern gebildeten Plateaus waren schon frühzeitig besiedelt. Unsere Steinzeitvorfahren wußten, daß das Klima in 600 bis 900 m Seehöhe, gerade in der Übergangszeit, trockener und milder ist. Am Grunde der Täler, in den feuchtkühlen, undurchdringlichen Flußauen, hatte schon der Neandertaler (letzte Funde deuten auf eine Besiedelung vor über 30.000 Jahren hin) wenig zu schaffen. Schon zu jener Zeit lebten die Siedler mehr von primitiven Formen der Landwirtschaft als von der Jagd und vom Sammeln. Die Qualität ihrer Steinwerkzeuge konnte es fast mit der ihrer metallenen Nachfahren aufnehmen. Daß schon in der Steinzeit ein gewisser Grad an Arbeitsteilung vorhanden war, zeigen Funde von Beil- und Klingenmanufakturen.

In der Verarbeitung und Massenproduktion war natürlich das Metall dem Stein haushoch überlegen: Durch Hitze konnte es flüssig und geschmeidig gemacht werden. Neuesten Forschungen zufolge sollen die Veneter, ein frühslawischer Volksstamm, der sich friedlich über einen großen Teil des Alpenraumes bis zur Ostsee ausbreitete, bei uns die Bronzezeit eingeleitet haben. Lange Zeit war unseren vielfach deutschdümmelnden Prähistorikern und Volkskundlern diese These ein Dorn im Auge. Es konnte doch nicht angehen, daß uns die Menschen aus dem Balkan die Kultur gebracht haben. Jedoch zeugen Namen von markanten Bergen, Fluren, Pässen und von Orten an wichtigen Wegen vom slawischen Einfluß in frühester Zeit. Besonders im Windischgarstener Becken – der Pyhrnpaß war anscheinend schon immer ein wichtiger

Alpenübergang – sind uns viele slawische Namensspuren erhalten geblieben. Selbst »Windisch« ist eine Bezeichnung für das Slawische: Veneter – Wenden – Windische... Der Einfluß dieser Frühslawen auf unseren Raum soll um 1000 v. Chr. eingesetzt haben.

Jedenfalls ließ das angebrochene Metallzeitalter neben der bäuerlichen auch eine Art von Arbeiter- und Handwerkskultur entstehen. Nicht nur der Boden, sondern auch die Rohstoffe aus den Bergen, wie die Erze, das Salz und der Energieträger Wald, waren nun kostbar und Objekte vieler Auseinandersetzungen. Dieser technologische Fortschritt, der die Bevölkerungszahlen auch im Gebirge rasch ansteigen ließ, war nur vor dem Hintergrund einer weiterentwickelten Landwirtschaft möglich. Es ist anzunehmen, daß schon die rund um das 4. Jahrhundert v. Chr. bei uns eingefallenen Kelten größere Waldflächen rodeten und daß sich ab dieser Zeit schön langsam unsere Kulturlandschaft entwickelte. Ab der Römerzeit ist aus unserer Gegend eine blühende Landwirtschaft überliefert, wobei die Alpenweiden verstärkt für die Viehhaltung genutzt wurden. In einigen Alpengebieten werden die Almhütten auch heute noch »Kaser« genannt, in Ableitung der lateinischen »casae alpinae«.

Die Bajuwaren leiteten schließlich die frühmittelalterliche Urbarisierung unserer Gegend ein. Im Hochmittelalter waren es die Klöster Admont und Garsten, das Erzbistum Salzburg und die Herrschaft Steyr, die großflächige Rodungen vornahmen und das Land weiter kolonisierten.

Die kaiser- und königstreuen Steyrer Schloßherren erhielten zu jener Zeit das begehrte Bergregal für ihr gesamtes Einflußgebiet. Somit kamen sie in den Besitz des steirischen Erzberges und legten

den Grundstein für das stetig aufblühende Eisengewerbe zwischen den Städten Eisenerz und Steyr, die durch die noch heute so benannte »Eisenstraße« (Karrenweg entlang der flöß- und schiffbaren Enns) verbunden waren. Die Region an der Eisenstraße entwickelte sich im Laufe der Jahrhunderte zu einem der mächtigsten Wirtschaftsräume der Monarchie. Besonders die Kriege der Neuzeit verschlangen eine Unmenge an einschlägigen Metallgütern. Der Erzabbau, die -verhüttung und die Eisenverarbeitung wurden weiter forciert. Auf der Suche nach neuen Energiewäldern – Holzkohle wurde für die Feuerung der Schmelzöfen verwendet – wurden auch die Seitengräben der Enns

für das Eisengewerbe interessant. So befanden sich in Reichraming (»auf der Reichen Raumig in Artzperger Vorsten«) um 1500 drei Blähhäuser (hier wurde das Roheisen geschmolzen), ein »welscher« (großer) Hammer und mehrere kleinere Hammerwerke entlang des Baches in der Schallau und im Dirnbach.

So kam die volle Wucht der

Holzwirtschaft auch ins Hintergebirge. Trotz restriktiver kaiserlicher Waldordnungen übertrafen die Waldverwüstungen durch die Eisengewerke die modernen um einiges.

Der Bevölkerungsdruck fand auch seinen Niederschlag in der Landwirtschaft: Wo immer es Grundbesitzer und Waldgesetze erlaubten, wurden landwirtschaftliche Flächen im Tal und auf den Berghöhen geschaffen, die Wälder für Weide und Streugewinnung genutzt. Die Almwirtschaft im Hintergebirge erlebte einen Boom, der erst Ende des 18. Jahrhunderts abklang und der Anfang des 20. Jahrhunderts einen neuen Höhepunkt erreichte. Erst nach dem Zweiten Weltkrieg setzte ein gewaltiges Almsterben ein, das in letzter Zeit durch gezielte Fördermaßnahmen eingedämmt werden konnte. Auch der Verlust an Hang- und Bergwiesen durch Aufgabe der Mahd und anschließender Aufforstung ist enorm.

Der Niedergang der Eisenindustrie am Ende des 19. Jahrhunderts hat die Wirtschaftsstruktur in den Tälern gewaltig verändert. Wer keine Arbeit in den Forstbetrieben und in den wenigen verbliebenen Gewerbestätten fand, mußte seinen Abschied nehmen. Durch Rationalisierung und Schließung der meisten Holzverarbeitungsbetriebe verschwanden auch für die Holzarbeiter immer mehr Arbeitsplätze. Die meisten Leute im Ennstal führen heute ein von den Steyrer Großbetrieben abhängiges Pendlerleben.

»Die Gebirgsbewohner sind ein kräftiger Menschenschlag, untersetzt, starkknochig, gestählt durch strenge Arbeit«, schreibt ein Chronist am Ende des 19. Jahrhunderts. Ja, der Menschenschlag ums Hintergebirge ist kein rauher, aber er ist jetzt noch durch und durch von einer Philosophie der harten Arbeit geprägt. Augenscheinliche Nichtstuer wie Studenten, Lehrer oder Künstler werden mißmutig beäugt.

Die Volkskultur hat sich im Faschingsumzug, im Maibaumaufstellen und in sporadischen Aktivitäten rühriger Dorfintellektueller überlebt, das herrschende Kulturklima ist eine Mischung aus Musikantenstadel, Bierzeltdunst, Dallas, Herzblatt und Kirchenchor.

Den Leuten ist ihre selige Ruh viel wert. Wie in diesem Teil Österreichs üblich, sind sie wahre Harmoniekünstler, die Konflikte liebend gern mit der hinterhältigen Eleganz der Hackl-ins-Kreuz-Philosophie meistern. Wenig geschmackvoll, aber umso deftiger und phantasievoller sind die Menüs der heimischen Gerüchteküchen. Wer aus der Reihe tanzt, mit Aussehen oder Ansichten, dem wird's hinterrücks ordentlich gegeben. Verquerte Denkweisen gegen den Strich des gesunden Volksempfindens finden kaum Duldung. Befehlsempfänger der herrschenden Meinungsmacher haben auch hier wie überall eine stabile Mehrheit. Intellektueller Scharfsinn ist höchstens bei Predigten, bei Hochzeits- und Begräbnisreden oder in der Faschingszeitung erlaubt. Da nimmt's keiner ernst. Der üblichen Intellektuellenhatz wird auch hier nach Lust und Laune gefrönt, Ortskaiser und ihre Untertanen bestimmen die Spielregeln. Wer sich des Geistigen doch nicht verschließen kann, der diskutiert im christlichen Männerverein, schreibt launige Zeilen im Gemeindeblatt, zeigt einen lieben Diavortrag über den letzten Verwandtenbesuch in Südafrika, hilft dem Pfarrer bei den Fürbitten und spielt im örtlichen Vereinsleben Schriftführer. Kurz: Stinknormal sind sie, die Einwohner der Siedlungen rund ums Hintergebirge, stinknormal in ihrer Hinterhältigkeit und Niedertracht.

Hat frau/man jedoch Zugang zu ihnen gefunden, was im Gegensatz zu manchem versteckten Bergvolk überraschend leicht vonstatten geht, dann sind sie herzerfrischend offen, zurückhaltend gemütlich, ehrlich gesellig, gesprächig und gastfreundlich im liebsten Sinne. Dabei sind besonders jene gemeint, denen das Leben schon Leib und Seele gehörig gegerbt hat.

Gastfreundschaft – im liebsten Sinne – und Tourismus vertragen sich nicht. Vielleicht ist das ein Grund, warum sich die Leute bis jetzt Gott sei Dank im Verkehr mit den Fremden nicht prostituieren wollen.

Land und Leute gleichen im ersten Anschauen, auf der Durchreise, durchwegs dem Durchschnitt. Erst nach näherer Betrachtung, nach langen Wanderungen, nach Gesprächen bei Most und Speck, verliebt man sich so richtig schön in diese Gegend an der Enns. Und das hält an, nur zu oft ein Leben lang.

»In diese Fenster fällt immerfort das Licht des Sommers. Rein und hell. Das Dorf im Gebirge scheint nichts zu ahnen von der Trübe unserer Zeit. Weiße Flügel, weit geöffnet für die Umarmung mit Efeu und Apfelbaum. Blaßgelbe Erinnerungen, bedächtig zernagt vom Zahn der Zeit.«
(G. Rettenegger)

Weiler in der Einschicht, sonnige Wieseninsel auf der Anhöhe, sonst tiefer Wald. »Moos« heißt feuchte Flur im Quellgebiet der Bäche, feuchte Gräben, Wasserscheide zwischen Laussa und Raming, fünf Häuser, vier bewohnt, eines zur Jagdzeit heimgesucht, jedes Anwesen von Stadeln umkreist, hier vier, dort sieben, Werkstätte, Waschküche, fürs Winterholz kleingeklobene Scheiter unterm Vordach, geschlichtet mit Sorgfalt, ohne Hast, viel Zeit, ein Muster an Ordnungsliebe, vielleicht Heu für die Kuh, ein Saustall, Hendlverschlag, unser Revierjäger im dritten Haus links, grüner Toyota-Geländewagen, Telefonkabel bis zum ersten Haus, dort ein Postkasten, jenseits der Fichtenschatten dringt einsame Holzarbeit, behäbig, Schlag für Schlag, Scheit für Scheit, fuchsteufelswildes Bellen eines Hundes von viel weiter unten, abseitig neue Jagdkapelle, »Heiliger Hubertus, bitte für uns«, dir haucht frisches Xyla penetrant entgegen, gußeisernes Gitter, Glasverschlag, fest verschlossen gegen Andacht, wetterschwarze Lärchenschindeln am Dach, damit gedeckt auch andere Häuser und Hütten, die Wetterseite geschindelt, der Nordwest mag hier richtig ran, allzeitgrüner Efeu kriecht die Wände hoch, altes Haus-Mittel gegen Wind und Kälte, stilgerechte Frontgiebel, unverzichtbar: Hirschtrophäen zur Schau gehängt, steile Dächer, 45 Grad und mehr gegen Schneedruck, grüne Fensterrahmen, weiße Sprossen, Hausbank unter der Linde, unterm Nuß, Mostkrug auf'm Tisch, zerzauste Obstbäume im Rund, mickrige Zeder am Vorplatz, Hollerstaude gibt Kraft und Segen, gezäunte Wiesen, im Rechteck gefaßt Kraut und Rüben, Erdäpfel, rohe Pfosten und Rundlinge tun's auch, nirgendwo 0815-Jägerzaun aus der Fabrik, die Jungen sind weg, wir Alten bleiben da, wie ein langer Abschied im Herbst, am Wochenende kommen sie ab und zu, zu Ostern, zu Weihnachten, die fortgeheiratete Tochter, der Sohn aus der Stadt, eine Sandkiste, eine Hutsche am längeren Ast, die Enkel wachsen uns davon, »hier«, sagen sie, »ist es doch am Schönsten«, gute Luft, so viel Natur, aber leider keine Arbeit, am Montag haben's den N. eingegraben, eine weite Reise zu seinem Grab, mit Abstand seine weiteste im letzten Jahr, früher hat's geheißen: lebendiger Oberösterreicher, toter Steirer, früher war's Bergwerk, da war Leben, die Knappen, die Holzknecht, da sind sie vorbeigekommen, von unten herauf, dann hinunter ins Tal zum Zug, zum Pfarrer, ins Hochamt, zur Gemeinde, jetzt haben wir unsere selige Ruh.

Mooshöhe.

Hochsommer auf Ebenforst.

Die »Susi vom Moos« – eine Sage

Die Susi, die einzige Tochter des reichen Kronsteinerbauern, dem die Alm im »Moos« gehörte, mußte dort öfter als Schwaigerin wirtschaften und wurde deshalb »Susi vom Moos« genannt. Diese hatte den Gabriel, einen schmucken Jägerburschen, sehr lieb und wollte ihn ehelichen. Aber der Vater gab dazu seine Einwilligung nur, wenn Gabriel eine selbständige Stelle erhielte. Eines Tages nun sollte ein Scheibenschießen sein, und die freie Jägerstelle am Leinerberge sollte der beste Schütze unter den Jägerjungen erhalten. Nachdenklich ging Gabriel am Vortag herum und begegnete dem »Fuxbergerbauern«, einem bekannten Zauberer. Als Gabriel ihm sein Herzeleid und seine Angst, ob er doch morgen den besten Schuß machen würde, geschildert hatte, riet ihm der »Fuxberger«, er solle auf den Schieferstein steigen und sich dort zehn Schritte hinter der steilen Felswand aufstellen. Mit dem letzten Schlag der zwölften Stunde werde dort ein prächtiger Zwanzigender kommen; den solle er schnell schießen, aufbrechen und drei Kugeln ins Herzblut drücken. Mit diesen Kugeln werde er unfehlbar das Ziel treffen. Der Jägerbursche tat, was ihm der »Fuxberger« geraten hatte. Genau, wie es der alte Zauberer vorausgesagt hatte, kam der prächtige Hirsch. Gabriel legte auf ihn an, der Schuß krachte, aber der Hirsch ging nun auf den Schützen los und erfaßte ihn mit seinem mächtigen Geweih. Es begann ein tolles Ringen, bis daß Jäger und Wild in den fürchterlichen Abgrund stürzten, wo man anderntags den Jägerburschen tot auffand. Bald folgte auch die »Susi vom Moos« ihrem heißgeliebten Gabriel ins Grab nach. (Aus: »Geographisch historische Skizze von Großraming« von Michael Kaltenbrunner, Kooperator in Großraming, 1920)

Bauernbefreiung?
Aufbruch im Niedergang

Alois Scharnreitner, vulgo »Lumplbauer«, hat es satt. Nach 35 Jahren Vollerwerb zieht er sich in die wohlverdiente Rente zurück. Derweilen, bis sein Nachfolger soweit ist, hat er die Wirtschaft verpachtet. Sein Leben ist auch so zur Genüge ausgelastet. Er ist einer, den man einen »intellektuellen Bauern« nennen könnte. Er denkt viel nach, liest viel, kommt herum – er hat sich einen Horizont geschaffen. Seine Analyse über die aktuelle Lage der Bergbauern, über die Rolle der Kammern, der offiziellen Bauernvertreter, über das Versagen der Politik ist so bestechend wie traurig.

Der »Lumplbauer« ist ein politischer Mensch im positivsten Sinne. Mit 25 Jahren war der 1929 Geborene der jüngste Gemeinderat in Großraming. Es war 1954, als der Zwölftgeborene von 15 Gschrappen den Hof übernahm. Im Staatsvertragsjahr schloß er den Bund fürs Leben, aus dem sieben Kinder hervorgingen: fünf Mädchen und zwei Nachzüglerbuben. »Der Wunsch nach einem Sohn ist der Vater vieler Töchter«,

zitiert der »Lumplbauer« schmunzelnd einen amerikanischen Außenminister. Sein schelmischer Blick kokettiert mit dem seiner Frau. Manche Kommunalpolitiker und Kämmerer fürchten sich vor ihm wie der Teufel das Weihwasser: Der unabhängige Pensionist hebt noch heute in verschiedenen Gremien so manchen Teppich, unter den Mist gekehrt wurde, und er lüftet nicht wenige Decken, unter denen mit Lust und Laune gepakkelt wird. »Ich bin halt ein temperamentvoller Mensch!«, erklärt sich Alois Scharnreitner so manche parteipolitische Empörung gegen ihn.

Intelligenz und Durchsetzungsvermögen haben seine Frau und er auch den Kindern mitgegeben: Die älteste Tochter ist Diät-Assistentin und in Deutschland gut verheiratet, eine ist Mittelschullehrerin, eine andere im Bankgeschäft tätig, die Jüngste leitet die örtliche Lebenshilfe, und eine hat einen tüchtigen Landwirt geheiratet. Der Jüngste Sohn hat einen guten Lehrposten gefunden, und der Erbsohn ist ein hochschuldiplomierter Forstwirt. Die Zukunft

Links: Beschwerliche Frauenarbeit: Mistaustragen im Brunnbach.

Rechts: Frauenarbeit in der Bauernstubn: Im Winter wird gesponnen und gestrickt.

Unten: »Tagwerkerinnen« bei der Getreideernte: Während ihre Männer und Väter im Hintergebirge schufteten, leisteten sie Robot für ihre Keuschen oder dafür, daß sie ihre Kuh im Bauernstall einstellen durften. Dieses Tagwerker-System war bis in die frühen sechziger Jahre üblich.

seiner Nachkommen ist somit gesichert, wiewohl sie nicht mehr ganz in der Landwirtschaft liegt: Sein Sohn soll einmal, wenn er auch noch das Doktorat geschafft und einen guten Posten gefunden hat, die aufs Kleinmaß geschrumpfte Landwirtschaft im »Lumplgraben« übernehmen. »Ursprünglich hatten wir von unseren 84 ha 35 für Wiese und Akker und 15 ha Weide. Jetzt haben wir aufgeforstet, so bleiben nur mehr 15 ha Grünland übrig. Vielleicht steigt der Alois auf Schaf und Wildgatter um«, weiß der Lumplbauer um zukünftige Nebenerwerbsalternativen.

»Dort, wo noch Leben ist, wo noch ein Wasserl rinnt, da schlägern wir alles nieder, da betonieren wie alles zu. Wir halten das anscheinend nicht aus, daß etwas still vor sich hinwächst, ohne Einfluß des Menschen.« (Alois Scharnreitner, vulgo »Lumplbauer«, Bauer zu Großraming)

Der »Lumplbauer« mit seiner Frau.

Anton Brandecker, vulgo »Sulzbauer«, krempelt die Ärmel hoch. Nicht rosig wird die bergbäuerliche Zukunft hier am Rande des Hintergebirges, aber eines weiß er bestimmt: »So schnell laß ich mich nicht unterkriegen!« Der Andreas wird einmal sein Nachfolger. Erben wird er 29 ha – 13 ha Wald, 16 ha Wiese, davon 2 ha Weidefläche. Dieser Boden reicht bei weitem nicht fürs Fortkommen im Vollerwerb. Zusammen mit einer Agrargemeinschaft hat der »Sulzbauer« daher im Brunnbach eine größere Weide in Pacht genommen.

Anton Brandecker strampelt sich ab und rührt sich, wo's geht:

Jahrelang hat er die als Jausenstation gutgehende Anlaufalm übergehabt, nach Streitigkeiten mit der Weidegenossenschaft mußte er jedoch den Hut nehmen. Jetzt kündet ein Schild an der Brunnbachstraße »Almjause hier. Speck, Topfen, Most!«, daß er nicht aufgibt, nie und nimmer. Zubrot verdient sich der »Sulzbauer« vor allem durch Holzverkauf, ein wenig Viehhandel und eben mit der Ab-Hof-Vermarktung seiner Produkte. Vier Milchschafe – der gschmackige Schafkäs findet reißenden Absatz – und ein paar Lamperl fetten das Börsl der Bäurin ein wenig auf.

Zwei Bauern, zwei Wege in die Zukunft. Sie haben es irgendwie geschafft. Viele, zu viele ihres Standes kommen in dieser Lage, mit diesen Böden, mit diesem Klima, schon lange nicht mehr über die Runden. Sie gehen in die Fabrik, in den Nebenerwerb oder verkaufen ihren Hof an frustrierte Aussteiger.

Nicht allein die Hektargröße ist ausschlaggebend, weiß der »Lumplbauer«, sondern auch andere Eckdaten. Da ist zum einen das Milchkontingent. Jene von einer Kommission festgelegte Milchhöchstmenge, die der Bauer zum Normpreis von ca. S 5,70 für

die 1. Qualität (der Preis richtet sich nach dem Eiweißgehalt) an die Molkerei liefern darf. Jeder Liter darüber wird mit einem Abzug von ungefähr 20 g »bestraft«. Und ein Bergbauer, der im Vollerwerb überleben will, braucht erfahrungsgemäß mindestens 15 Milchkühe, 45 Stück Jungvieh und ein Kontingent von 50.000 l. Dann muß er allerdings noch im Winter fleißig »ins eigene Holz gehen, damit ist wenigstens die Arbeit voll bezahlt«. Diese Vollerwerbshürde schaffen rund ums Hintergebirge nur mehr die »schwereren« Bauern, und da kommt es noch auf die Hangneigungen und auf die Bodenbeschaffenheit an. »Mir ist es schon oft so gegangen«, klagt ein größerer Bauer, der arge Bodenprobleme hat, »daß ich den Mist nicht hinausgebracht hab, weil die Wiesen so naß waren im Frühjahr!«

Die Aufforstung von Steilhängen ist zwar kein Allheilmittel, aber doch, wo der Traktor nicht mehr hinkommt, oft der einzige Weg, doch noch was aus dem Grund herauszuholen. Aber auch frische Kulturen bergen so ihre Probleme: Gerade in den ersten Jahren sind sie äußerst pflegebedürftig, und der Verbiß- und Schäldruck durch das Wild verursacht große Schäden, die keiner abdeckt. Auch wenn die Pflanzen hochkommen, die Bäume bleiben geschädigt: »Vor ein paar Jahren haben wir 120 fm gehackt, davon waren 35 fm Braunbloch, also minderwertiges Holz. Ein enormer Wildschaden!«, schimpft ein Bauer auf die mangelnde Regulierung des Schalenwilds. Ein Thema mit Tradition: Bauer gegen Jagdherren...

Und dann gibt es jedes Jahr ein Zittern um den Holzpreis. »Das Holz, es hat heuer hergschaut, als ob's giftig wär durch die Windwürf«, klagt die »Lumplbäurin«. Betrug der Preis für einen Festmeter guten Bauholzes in den Vorjahren noch S 1.400,–, so ist er 1990 auf S 800,– gefallen. Da schlägert nur einer, der unbedingt muß.

Entschließt sich ein Bauer, seine Steilhänge weiterhin per Mahd zu bewirtschaften, dann hat er mit enormen Problemen zu kämpfen.

Früher, als es noch viele billige Arbeitskräfte gab, die Knechte und Dirnen ums buchstäbliche Butterbrot schufteten, ohne Sozialversicherung, und es noch genug Tagwerker gab, die durch Robot die Miete ihrer Keuschen beglichen oder für das Einstellen der Hauskuh im Bauernstall zahlten – da ging das Handmähen noch leichter von der Hand. Heute müssen – bedingt durch den Arbeitskräftemangel – drei Leute das leisten, was früher sechs schafften.

Der »Sulzbauer«.

»Da bekommst du keinen mehr, der das körperlich und psychisch aushält, den ganzen Tag in der heißen Sonne zu heuen. Die Leute sind uns beim letzten Mal nacheinander wieder gegangen. Früher hat es sein müssen, heute nicht mehr«, weiß der »Lumplbauer« seinen Ausweg hauptsächlich im Holz, denn: »Maschinen für den Steilhang sind sündteuer, bringen aber von der Leistungsfähigkeit her kaum etwas«! Alleine schon das Rohgerät, der »Muli«, kostet

an die S 600.000,–, zusammen mit der Zusatzausrüstung müßte ein Bauer, der auf Steilhangmaschinen umstellt, fast schon eine Million hinblättern. »Und darum geht es auch vielen Bauern so schlecht, weil sie die Investitionen nicht abschätzen können. Im Pechgraben hat einer den Grund verkauft, daß er sich einen Muli leisten kann, danach ist er draufgekommen, daß der Grund ja gar nicht mehr da ist, für den er den Muli gekauft hat«, flüstert mir eine Bäuerin. Da wird

oft vom Landmaschinenhändler pure Bauernfängerei betrieben. Wer also nicht aufpaßt, kann wirtschaftlich an seinen Steilhängen furchtbar abstürzen.

Dabei genügt es schon, was der Bergbauer an der nötigen Grundausstattung braucht. Der »Sulzbauer« lüftet das Geheimnis über sein Maschinenarsenal: Drei Traktoren, ein Warchalowski mit 20 PS, Baujahr 1959, zwei Same mit 55 und 50 PS, Baujahr 78 bzw. 81, zwei Ladewagen, zwei Motormäher, ein Kreiselheuer zum Heubreiten, ein Kreiselschwader zum Heuen, zwei Heuraupen, ein Heuschwanz, ein Miststreuer, ein Streuer für Kunstdünger, eine Seilwinde, ein Viehanhänger, ein normaler Einachser, ein Pflug, eine Egge, eine Melkmaschine. So ein neuer Traktor, ohne viel Extras, kostet heute rund S 350.000,–, da muß er schon satte 20 Jahre halten, daß sich der Preis abzahlt. Eine simple Melkmaschine ist auch nicht unter S 25.000,– zu haben. Betriebswirtschaftler, die mit kalkulatorischen Zinsen und Abschreibungen hantieren, würden angesichts der objektiven Ertragslage der bäuerlichen Investitionen verzweifeln. Die allerorts gegründeten Maschinenringe, die den überbetrieblichen Einsatz von teuren Maschinen organisieren, haben da schon eine gewisse Entlastung gebracht.

Von alternativer Seite und in letzter Zeit auch von Politikern und Kämmerern ist viel von »Diversifikation« und »Produktveredelung« die Rede. Der Bauer soll sich von seiner Monostruktur losreißen, heißt die Devise, bodenständige Produkte kann er zu günstigeren Preisen am freien Markt anbieten. Der gute alte Ab-Hof-Verkauf hat wieder Saison. Der »Sulzbauer« kann da vom neuen Zeitgeist ein wenig mitnaschen:

Andreas, der Sohn vom »Sulzbauer«, wird einmal den Hof übernehmen.

Sein Ruf hallt weit übers Hintergebirge hinaus, viele – besonders Städter – kommen, kaufen Rahm, Butter, Topfen, Schafkäs, Most, Obstler und schmausen seine deftige »Almjause« mit Bauernkrapfen als Dessert. Der »Lumplbauer« hat auf diese neue Marktchance eher schaumgebremst reagiert: Seine Ab-Hof-Abgabe hält sich in bescheidenen Grenzen. Trotzdem wurde er von Neidern beim Milchwirtschaftsfonds angezeigt, den Unbequemen will man wohl zwicken und zwacken wo's geht: »Die haben mir dann einen Drohbrief geschickt, wenn ich nicht mit dem Verkauf aufhöre, dann wird mir das Kontingent gestrichen. Da steht doch die Strafe in keinem Verhältnis zum Delikt!«, ärgert er sich.

Der neue Veredelungstrend hat auch seine Opfer, und die sind naheliegenderweise wieder einmal die Bäuerinnen. Meist sind sie, oder ihre Töchter, für das Butterrühren, das Topfen- und Schafkäsmachen zuständig. Sie müssen auch präsent sein, wenn Gäste zu allen heiligen Zeiten den Hof heimsuchen. »Da fragt man sich schon oft, ob sich das überhaupt auszahlt«, argwöhnt eine dermaßen Geplagte, »denn zum Rechnen derfat ich da sowieso nicht anfangen«. Für 1 kg Butter braucht man ca. 20 l Milch, deren Rahm dann »heruntergedreht« wird, dann beginnt das Butterrühren. Die ganze Prozedur nimmt an die eineinhalb Stunden für ein Kilo fester, frischer Bauernbutter in Anspruch, das um S 88,– verkauft wird. Eine überschlagsmäßige Kalkulation ergibt einen Stundenlohn für die Bäuerin von rund S 40,–.

Eine enorme Arbeitsbelastung für die Frau am Hof ist auch der vielgepriesene »Urlaub am Bauernhof«. Die Landidylle für Sommerfrischler wird vielen Bauern zum Verhängnis: Es muß ausgebaut werden, der Gast will betreut, beschäftigt und bewirtet werden –

»Verlassen
zieht im Schweigen
sie ihre Last,
als wär's ihr Leben
im Lichte der sinkenden Sonne.«
(G. Rettenegger)

»Kaibiziagn«: Schwere Geburt beim Aufbruch in eine neue Bauernzukunft.

»herzlich«, wie es im Prospekt vom Touristenverband steht. Der Bauer wird so schnell zum urigen Animator, während die Bäuerin still und leise dem Nervenzusammenbruch entgegentreibt. So schlagen mitunter herbeikonzipierte Sonnenaufgänge lange Schatten in die agrarische Flur.

Es gibt viele Wege zum Ziel: die Sicherung eines eigenständigen Bauerntums ohne Gängelung durch mächtige Einflußnehmer und damit die Erhaltung der traditionellen Kulturlandschaft. Der Bergbauer bekommt in letzter Zeit auch mehr Unterstützung, die jedoch allzuoft im intellektuellen Geplauder steckenbleibt: »Unser« Bauer als bewundernswertes Relikt vergangener Zeiten, als volkskundliches Ausstellungsobjekt, als medienwirksamer Traditionsträger, als staatlich bezahlter Landschaftsgärtner...

Die halbherzige Kämmererunterstützung in seinem Existenzkampf erklärt sich ein Betroffener so: »Der Bergbauer ist in den entscheidenden Gremien schlecht vertreten, die Großen aus dem Flachland haben das Sagen!«

Sind die Zeiten reif für eine neue Bauernbefreiung? Über den Hauseingang eines Großraminger Bauernhofes steht geschrieben:
»Ein Bauer spricht, wie es kein anderer kann,
ich bin in meinem Hof ein freier Mann,
drum soll mich Fürwitz nicht nach höhern Dingen treiben –
ein Bauer bin ich – ein Bauer will ich bleiben.«

Bedingter Einspruch: Ich bin für freie Bauern, aber mit **viel** »Fürwitz« – mit viel Wissensdrang, Lust nach Erkenntnis, nach neuen Wegen, nach Auseinandersetzung, nach...

»Ein wunschloses Werk,
wenn die Erde ihre Früchte trägt.

Gebückte Mühe unter Blüten.
Im Abendschein wächst hartes Brot.
Ein Hahn kräht nach ihrem Lachen.«

(G. Rettenegger)

Unten: Schwere Zeiten in der Zwischenkriegszeit. Viele waren »ausgesteuert« – arbeitslos. Als Miete mußte viel »Tagwerk« geleistet werden.

Mehlspeise. (Im Gebirge aus dem sogenannten Sterz.) Das Mittagsmahl besteht aus einer ›Vorricht‹, meistens Sauerkraut, dann aus einer Mehlspeise oder an deren Stelle zumeist dreimal in der Woche aus Fleisch (Geselchtes) mit Kartoffeln und Knödeln. Zur Abendmahlzeit kommen außer der Vorricht, die außer Sauerkraut entweder aus Kartoffeln oder Milch besteht, entweder zwei Arten Suppe oder eine Mehlspeise auf den Tisch. Im Gebirge wird nach jeder Mahlzeit noch Käsewasser gelöffelt und werden als Mehlspeise fast täglich sogenannte ›Dampfnudeln‹ aufgetragen.«
(Aus: Anton Rolleder,
Heimatkunde von Steyr. Steyr 1894)

Dampfnudeln, Sterz und Sauerkraut:
Ein bodenständiges Kulinarium

Für ihre Küche mußten unsere Vorfahren mit dem auskommen, was das Land hergab, was vom eigenen Stall oder aus Garten und Feld kam.

Das Brotmehl – fast jeder Bauer hatte noch bis in die Zwischenkriegszeit eine eigene Hausmühle – wurde hauptsächlich vom Roggen gemahlen. Begehrter, und angesichts des rauhen Bergklimas rarer, war das »weiße« Weizenmehl. Kraut und Kartoffeln – diese

wurden in der Fruchtfolge zusammen mit dem Kraftfutter Klee nach dem Getreide und dem Hafer angebaut – waren weitere Hauptbestandteile der ländlichen Kost.

Die Milch und ihre unzähligen Verwertungsprodukte waren vom heimischen Tisch genausowenig wegzudenken wie das »Geselchte«. Das Räuchern war lange die einzige bekömmliche Methode zur längerfristigen Haltbarmachung von Fleisch. Erst ab und nach dem Zwei-

ten Weltkrieg wurde das »Eindosnen« und noch viel später das Einfrieren aktuell. Das »Sauabstechen« konnte aus hygienischen Gründen nur in der kalten Jahreszeit durchgeführt werden, so daß gegen den Sommer hin kaum anderes Fleisch als Speck und Selchfleisch vorhanden waren. Nur ab und zu bereicherte ein Schaf, das man als »lebendigen Kühlschrank« ansah, den Menüplan von zwei bis drei Bauernmahlzeiten.

Zum Süßen gab es nahezu ausschließlich Honig, erst nach und nach eroberte der kostbare Zucker die Mehlspeisküche.

Für die Milchverarbeitung verwendete die Bäuerin viel Mühe, Energie und Zeit. Rahm, Rührmilch (Buttermilch) und Topfen hielten sich nicht lange in der »Speis« oder im Keller, sie mußten ziemlich schnell verkocht werden. Der Großteil der Butter wurde erhitzt und als »Rindsschmalz« in einem Faß kühl gelagert.

Eine geschickte und einfache Art der Konservierung war die Erzeugung von »Schotten«: Saure Milch wurde zu diesem Zweck in einem Kupferkessel über offenem Feuer gekocht, der abgekühlte Inhalt mußte dann mit einem grobgewebten Leinentuch abgeseiht werden. Übrig blieb eine zähe Masse, die gesalzen in einen Holzbottich gelegt wurde. Die »Schotten« hielten sich über Monate in der Vorratskammer und waren ein nahrhaftes, nährstoff- und vitaminreiches Milchprodukt.

Die »Schottensuppe« war beim Bauern, aber auch bei den Keuschlern, ein nicht wegzudenkender Bestandteil des Wochentagsfrühstücks. Dabei wird mit Mehl verrührte Buttermilch oder Sauermilch in kochendes und mit Kümmel gewürztes Salzwasser hineingesprudelt, hinzu kommen Sauerrahm und die Schotten als Suppeneinlage. Zur Abwechslung löffelte man beim Frühstück schon einmal Brot- oder Erdäpfelsuppe.

Der »Schwarze Sterz« fehlte am Morgen ebenfalls kaum: Das gesalzene Roggenmehl wird angeröstet – der Fachausdruck dafür ist »linden« – und anschließend unter festem Umrühren mit kochendem Wasser abgegossen. Die dabei entstehende, nicht zu breiige

Die »Annerl-Tant'« beim Dampfnudelkochen.

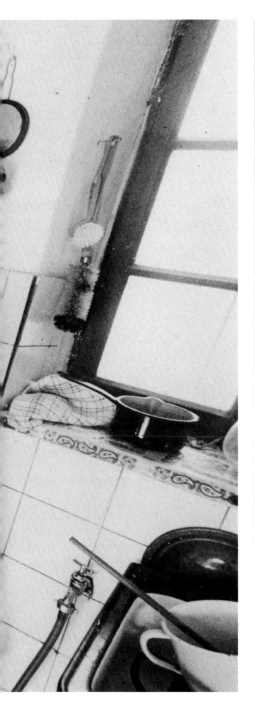

Masse wird auf dem Nudelbrett fein zerhackt und dann in die Pfanne zurückgegeben, wobei heißes Rindsschmalz darübergegossen wird. Nach kurzem Weiterbraten wird sofort sehr heiß aufgetischt. So eine Sterzmahlzeit hielt bis zur Mittagszeit satt, eine Zwischenjause erübrigte sich – wenn man nur genügend davon abbekam.

Zu Sonn- und Feiertagen stellte die Bäuerin noch »Schwarzen Kaffee« (Malzkaffee) auf den Frühstückstisch, erst nach dem Krieg mischten sich hie und da leibhaftige Bohnen dazwischen.

Sowohl zum Mittags- als auch zum Abendtisch reichte man als »Vorricht« eine Schüssel Sauerkraut. Das wohl bekannteste bodenständige Fleischgericht ist das Geselchte mit Grießknödeln und Sauerkraut. Früher hat es beim Bauern diese köstliche Kombination zu Mittag mindestens zwei- bis dreimal in der Woche gegeben.

Viel Phantasie war nötig, um aus den beschränkten Ressourcen, bestehend aus Milchprodukten, Erdäpfeln und Getreide, etwas Abwechslung hervorzuzaubern. Einfache und schnelle Zubereitung waren ebenso gefragt wie schnelles Sattwerden und Kalorienreichtum: Schließlich schmauste man ja nicht zum Vergnügen! Das Essen mußte nahrhaft sein und lange »anhalten«. Bei »guten« Bauern, die es ihrem Gesinde beim Essen an nichts fehlen lassen wollten, wurden unglaubliche Fett- und Kohlehydratmengen hinuntergeschlungen. Je fetter die Kost, desto besser der Bauer, sagte man.

Die Schottensuppe fehlte auch mittags kaum, und auch »Schottennockerln« waren eine häufige Mittagsspeise: Die feuchten Schotten wurden noch ein wenig gesalzen und mit Mehl zu einem Teig verrührt. Wenn die Bäuerin großzügig war, dann hat sie noch ein Ei dazugeschlagen. Das bindet besser. Die ausgestochenen Nockerln wurden im Fett goldgelb gebraten.

Noch einfacher ging das »Bohnkoch«: Gewöhnlicher Erdäpfel-schmarrn (früher sagte man zu den Erdäpfeln »Bohn«) wird mit saurem Rahm übergossen und kurz angebraten. Wurden feine Erdäpfelnudeln ebenfalls in Rahm gebraten, so nannte man das »O'Hackerln«.

Ein besonderer Leckerbissen soll das »Rahmkoch« gewesen sein. Der Saure Rahm wird aufgekocht und mit Salz und Anis abgeschmeckt. Dann wird grober Weizengrieß eingerührt. Dieses Koch wird solange in der Pfanne gebraten, bis es schön krümmelt. Eine Faustregel: Auf einen Teil Grieß nehme man zwei Teile Flüssigkeit. Dies gilt auch für die Polentazubereitung. Der Maisgrieß kam aber erst nach 1945 auf und hing den Leuten bald zum Hals heraus.

Ein wahres Nationalgericht in unseren Alpenbreiten sind die »Dampfnudeln«. Heute sind sie auf Almen, Jausenstationen und in Gasthöfen mit bodenständiger Küche ein köstliches Aushängeschild, zubereitet in allen möglichen Variationen: mit Staubzucker bestreut, mit allen möglichen und unmöglichen Konfitüren versetzt, in Süß- oder Sauerrahm gebraten, sogar Vanillesoße muß als Tunke herhalten. Original-Dampfnudeln werden heutzutage kaum noch zubereitet, unsere Mägen und Gallenblasen wären dem Ansturm an Rindsschmalz auch gar nicht mehr gewachsen. »Wenn man zusammengedrückt hat, ist das Fett nur so heruntergeronnen«, weiß eine alte Bäuerin. Der Germteig besteht dabei aus einem Gemisch aus Roggen- und Weizenmehl, als Flüssigkeit wird weder Ei noch Milch, sondern nur Wasser hinzugegeben. Die aufgegangenen Teigbröckchen werden in eine Pfanne mit reichlich Rindsschmalz gelegt und noch ein wenig zum Aufgehen abgestellt. Anschließend kommen die etwa faustgroßen Germnudeln ca. eine Stunde ins Rohr – bis sie leicht angebräunt sind. Dann kommt wieder ein kräftiger Guß aus einer Mischung von Rindsschmalz und Sauerrahm über die Nudeln. Die zugedeckte Pfanne wird auf den Herd gestellt, die Mehlspeise schmort nun im eigenen Dampf und wird dabei schön saftig. Die alten Dampfnudelpfannen hatten einen Deckel, auf den man Glut drauflegen konnte, so daß eine entsprechende Oberhitze gewährleistet war. Es gab kaum ein Abendmahl, bei dem die Dampfnudeln fehlten.

Eine Empfehlung an alle verwegenen Nachkocher: »Back to the roots« hin, Bodenständigkeit her, nehmen Sie Rücksicht auf Ihr späteres Wohlbefinden, und verzichten Sie auf so manche fetttriefenden Originalrezepte, schmalzärmere Variationen tun's auch.

Deftige Mehlspeis vom Bauern:
»Mehlschmalzkoch«

Dafür brauchen wir einmal reichlich Fett, am besten natürlich das für die bodenständige Küche unverzichtbare Butterschmalz. Dann mit Mehl – Leser dieses Buches nehmen natürlich lückenlos Vollwertmehl aus biologischem Anbau – eine Einbrenn fabrizieren. Wer nicht weiß, was eine Einbrenn ist, dem ist sowieso nicht mehr zu helfen. Dazu kommen »Schadstoff Zucker« und Rosinen vom Bioladen. Fest rühren, keinen Krampf im Handgelenk vortäuschen! Jetzt kommt sahnige Milch, direkt vom Bauern, dazu, fest verrühren, bis die Sache schön glatt ist. Nun ab ins Backrohr und bei nicht zu großer Hitze anbräunen. Zwischendurch gut durchrühren, die Masse muß langsam durchgebacken werden; wenn die Sache zu trocken wird – ein Schuß Milch, das hilft. Nur nichts versäumen dabei, Zeit lassen, nicht hudeln: gut eine Stunde kann das Koch schon im Rohr bleiben.

Ein Tip für Kalorienzähler: Fangt erst gleich gar nicht damit an!

»D'Alm is mei Hoamat!«: Geschichten einer Sennerin

»Wie der Tag anfängt? Ich stehe auf, wenn's Tag wird, im Sommer so um fünf, hole meine Kühe in den Stall und melke. Heuer habe ich nur zwei Kühe auf der Alm. Eigentlich hätte ich drei gebraucht. Aber ich glaube, der Helmut hat sich gefürchtet, ich werde mit der Melkerei nicht fertig. Recht viel traut er mir anscheinend nicht mehr zu!«

Anna Großschartner, 82 Jahre alt und seit 1963 Sennerin im Hintergebirge, erzählt vom Leben auf der Alm.

Das Hintergebirge, reich an Wäldern, reich an seltenen Pflanzen und Tieren, reich an glasklaren Bächen und wilden Schluchten, reich an Almen. Das Almsterben freilich machte auch vor dem Hintergebirge nicht halt. Eine Statistik besagt, daß seit 1950 in Österreich im Bundesdurchschnitt

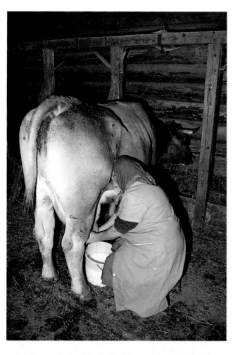

ca. 18 Prozent aller Almen stillgelegt wurden. Oberösterreich führt diese Statistik mit 35 Prozent an. Wie viele Almen es im Hintergebirge gab, zeigt am besten ein Blick auf die Wanderkarte. Oft erinnert heute nur mehr der Name an die Existenz einer Alm: »Annerlalm«, »Aschaueralm«, »Wohlführeralm«, »Rodlaueralm«, »Maieralm«, »Stöfflalm«, »Ortbauernalm«, »Jägeralm«, »Werfneralm« – alles Almen, die nicht mehr bewirtschaftet werden und zum Teil schon völlig zugewachsen sind. Übriggeblieben sind im Hintergebirge nur einige wenige Almen. Auf der Anlaufalm, der Ebenforstalm und der Gschwendtalm werden auch die Hütten bewirtschaftet. Schaumbergalm, Blabergalm und Bergeralm werden bestoßen, Senner oder Sennerinnen halten sich aber nicht ständig auf der Alm auf.

Bis in die Römerzeit läßt sich die Almwirtschaft in unseren Breiten zurückverfolgen. Beim Almbauerngut in der Großraminger Ortschaft Brunnbach deutet schon der Name auf die Almwirtschaft hin.

Frau Großschartner.

»Der Winter ist auch ein paarmal zu früh gekommen auf der
Anlaufalm. Es hat uns eingeschneit. Einmal, im Herbst war's, hat's die
ganze Woche nur geregnet. In der Früh werd ich munter und denk mir,
heut ist aber ein schöner Tag, so hell ist's draußen. Wie ich rausschau
aus dem Fenster, seh ich, daß der Schnee schuhtief liegt.«
(Anna Großschartner)

Das Almbauerngut war früher die Alm der Schellnau und wurde um 1620–1650 in ein Bauernhaus umgewandelt. Sulzbauer und Moser waren in frühen Zeiten ebenfalls Almen. Bis gegen 1600 gehörte das »Moos« als Alm zum Kronsteinergut. Von der Kronsteinertochter, der »Susi vom Moos«, erzählt die gleichnamige Sage.

Weil den meisten Bauern ihre Alm immer schon mehr war als ein betriebswirtschaftlicher Faktor, sind einige Almen in relativ urtümlichem Zustand erhalten geblieben. Dieser einmalige Natur- und Lebensraum mit seiner unverwechselbaren Wesensart wird heute immer mehr zum bevorzugten Ausflugsziel von Erholungssuchenden. Weit entfernt von Alpenkitsch, Lederhosenromantik und Heimatklamauk sind heute im Hintergebirge funktionierende Almen mit unschätzbarem Erholungswert zu erleben. Nicht zuletzt deshalb, weil die Alpung des Viehs im Hintergebirge immer

noch Vorrang hat vor der »Alpung der Menschen«.

Einige charakteristische Daten von Hintergebirgsalmen: Auf der im Besitz der österreichischen Bundesforste befindlichen Anlaufalm werden von der Weidegenossenschaft Großraming ca. 100 Stück Vieh aufgetrieben. 86 ha Weideland und 5 ha Waldeinstandsfläche stehen auf der Anlaufalm zur Verfügung. Die Milch von vier Kühen verarbeiten die Halterleute der Anlaufalm zu Butter, Topfen und Käse. Wesentlich kleiner als die Anlaufalm ist die Ebenforstalm. Auf 39 ha Pachtfläche verbringen ca. 50 Stück Vieh den Sommer.

Bestes Beispiel für den Verfall einer Alm ist die Blabergalm. Werden Hütte und Stall nicht ständig instandgehalten und die Weideflächen nicht gepflegt, verfällt die Alm innerhalb kurzer Zeit. Am Blaberg, einst einer der belebtesten Teile des Hintergebirges, wo Hunderte Menschen ihre Arbeits-

stätte hatten, steuert die Blabergalm ihrem Untergang entgegen. In Privatbesitz befinden sich Schaumbergalm und Bergeralm im südlichen Hintergebirge.

Für die den österreichischen Bundesforsten gehörenden Almen müssen die Bauern Pacht entrichten. S 10.000,– beträgt z. B. der Pachtzins pro Sommer für die Ebenforstalm. Dazu kommt noch eine Straßenbenützungsgebühr von S 2.500,–. Die Halterleute werden von den Bauern pro aufgetriebenem Stück Vieh bezahlt.

Für Wanderer und naturverbundene Menschen sind es aber nicht nur die schönen, grünen Weideflächen, das Glockengeläut des Viehs, der würzige Duft der Blumenwiesen, die Schlichtheit und

Die Gschwendtalm.

Natürlichkeit, die den Charakter und den Charme einer Alm ausmachen. Es sind nicht unwesentlich die Menschen, die den Sommer über auf der Alm leben.

Zwei herausragende Beispiele dafür sind Leopoldine Meihsl, Sennerin auf der Ebenforstalm, und Anna Großschartner, von 1963–1984 Sennerin auf der Anlaufalm und seit 1985 auf der Gschwendtalm. Sie nehmen sich nach getaner Arbeit auch Zeit für ihre Gäste. Die Stunden verfliegen, wenn sie erzählen vom einfachen und oft auch harten Alltag auf der Alm. Geschichte reiht sich an Geschichte. Längst vergangene Tage werden dabei wieder lebendig.

Die Anlaufalm.

Anna Großschartner, 82 Jahre alt und seit 1963 aus dem Hintergebirge nicht mehr wegzudenken, erzählt: »Am frühen Vormittag, da habe ich natürlich schon gemolken, die Milch entrahmt, Butter gerührt, frischen Topfen zugestellt und die Säue gefüttert, kommen, wenn's Wetter schön ist, schon die ersten Gäste. Na ja, und Sonntag's, da kommen halt alleweil mehr Leut. Aber auch unter der Woche, wenn's Wetter paßt. Dann kommt man sowieso zu nicht recht viel. Sind's nur ein paar Gäste, setz ich mich zu ihnen, sind's mehrere, unterhalten sie sich eh selber, dann kann ich wieder arbeiten. Wenn's etwas Warmes verlangen, dann koch ich Fleisch oder Mehlspeisen. Auf Mehlspeisen fliegen's besonders. Dampfnudeln, Topfenstrudel oder Krapfen zum Kaffee. Bauernkrapfen werden oft nicht einmal kalt, die sind im Nu weg, da kann man wirklich nie genug haben. Eine kalte Jause hab ich sowieso immer parat, die ist schnell gerichtet, Fleisch, Speck, Butter, frischer Topfen und echtes Bauernbrot. Am Abend sind die Kühe, jede hat ihren Namen, den brauch ich nur zu rufen, dann kommen's von allein in den Stall, wieder zu melken. Die Milch muß wieder verarbeitet werden, ganz das gleiche wie in der Früh. Ich brauche eigentlich keine Uhr, weil es geht alleweil gleich dahin, tagein, tagaus. Ungefähr aus 25 Liter Milch wird ein Kilo Butter, von acht Liter Milch wird ein Liter Rahm.

Erst vor ein paar Wochen, an einem Freitag, ja an einem Freitag war's, geregnet hat's, aber wie. Auf einmal, kurz vorm Melken, kommen um's Hauseck fünf junge Burschen. Waschlnaß sind sie gewesen, hab ich mir gedacht, na du liebe Zeit, ja alle haben gefärbte Haare gehabt, einer hat blau gefärbte Haare gehabt, einer einen rosaroten Schopf, und einer ist eh normal gewesen. In der Nacht sind noch zwei nachgekommen, aber

da hab ich schon geschlafen. Zwei Nächte waren sie auf der Alm. D'Leut in Großraming haben schon geredet, was da für welche auf der Alm sind. Alles Vorurteile, die sind ganz tadellos in Ordnung gewesen. Ich könnt wirklich nicht sagen, daß sie ungut gewesen sind.

Ich hab auch einmal eine ganze Gruppe aus Wien auf der Alm gehabt. 13 Tage lang. Niemand wollt's aufnehmen. Das sind alles Leut gewesen, die mit dem Gesetz in Konflikt gekommen sind. Die haben Betreuer mitgehabt. Da haben die Leut auch gesagt: ›Heilige Maria, was sie auf der Gschwendtalm alles haben!‹ Aber die sind in Ordnung gewesen. So dankbar wie die waren, wie sie fortgegangen sind. Da hätt ich mich wohl nicht gefürchtet. Ja ich kann schon sagen: Ich komm alleweil recht gut aus mit den Leuten.

Ja seit's Hintergebirge so aktuell ist, seit den Konflikten um die Kraftwerke, ist sehr viel los. Aber die Hälfte der Zeit, die ich auf der Anlaufalm war, war schon sehr schwer. 13 Jahre lang haben wir alles beim alten Lehmweg hinaufgetragen. Ein Roß hab ich ja gehabt und einen zweirädrigen Wagen. Aber oft sind so tiefe Leisten (Furchen) gewesen, daß der Wagen aufgesessen ist. Dann haben

wir alles auf dem Buckel zur Alm getragen. Am Buckel 16 bis 18 Flaschen Bier und in den Jackensäcken auch noch einige drinnen, das ist sich genau ausgegangen. Am Anfang war ja wirklich gar nichts da. Nur für zwei Halterleute war's gerichtet. Für Fremde gar nichts. Geplagt hab ich mich schon, daß am Anlauf alles so geworden ist. Ja, die Anlaufalm war meine Heimat.

Der Winter ist auch ein paarmal zu früh gekommen. Es hat uns eingeschneit. Einmal, im Herbst war's, hat's die ganze Woche nur geregnet. In der Früh werd ich munter und denk mir, heut ist aber ein schöner Tag, so hell ist's draußen. Wie ich rausschau aus dem Fenster, seh ich, daß der Schnee schuhtief liegt. Der Fuxjäger Hubert, er hat damals ein Kalb auf der Alm gehabt, ist aber bald gekommen und hat mir Heu tragen geholfen.

Mit dem Wasser hat es auf der Alm auch öfter Probleme gegeben. Auf der Fegerl-Weide, oberhalb der Gschwendtalm, haben sie das Vieh schon sehr früh nach Hause bringen müssen, weil sie einfach kein Wasser mehr gehabt haben. Das Wasser ist noch nie ganz ausgetrocknet, heuer (1990) das erste Mal. Knapp war das Wasser aber auch auf der Gschwendtalm öfter.

Das Wasser zum Kochen wurde dann vom Tal auf die Alm gebracht.

Vor mir war der Gschwendt Lois, der Alois Ahrer, auf der Alm. 22 Jahre war er auf der Gschwendtalm, genausolang wie ich auf der Anlaufalm. Nach seinem Tod hat sich das so ergeben, und jetzt bin ich schon wieder einige Jahre hier und helfe dem Helmut Ahrer bei der Almbewirtschaftung. Jedes Jahr sage ich: ›Das wird das letzte Jahr auf der Alm!‹ Aber ich geh dann immer wieder. Ich habe da heroben eine Aufgabe, da werde ich gebraucht, und das hält mich gesund. Um's

Vieh schaut der Helmut, und um die Hütte kümmere ich mich. Das schaff ich schon noch. Auch wenn ich schon über achtzig Jahr bin. Ich bin ja noch gesund bis auf ein paar Altersbeschwerden. Sollten einmal mehr Leute angemeldet sein, oder ich muß für einige Tage nach Hause, dann helfen die Pölzguter-Leut aus. Der Roman und d'Resi sind auch sehr gern auf der Alm.

Ein Malheur ist mir heuer aber auch schon passiert. Ein Kalb hat sich umgedreht, und ich bin weggeflogen. Mit dem Kopf auf einen Stein. Ich wollt eigentlich nicht zum Arzt gehen. Ich habe die

Kühe in den Stall gebracht und gemolken. Gespürt hab ich's aber schon, daß ich eine Kopfwunde habe, weil's alleweil warm heruntergeronnen ist. Ein junger Bursch ist Gott sei Dank auf der Alm gewesen, der Hubert Fischl aus Reichraming. Und die Frieda, die hilft am Wochenende immer aus, war auch da. Ich bin dann zur Frieda, damit sie mir die Arnikaflasche, ein bewährtes Hausmittel, über den Kopf leert. Mit Kamillentee haben wir dann die Wunde ausgewaschen. Die Wunde war aber sehr groß, und man konnte bis auf den Knochen sehen. Der Hubert ist dann ins Tal zum Bau-

ern um ein Fahrzeug, und wir sind dann zum Doktor nach Großraming gefahren. Dem hab ich aber gleich gesagt, daß ich nicht ins Krankenhaus will. Der Doktor hat gemeint, daß ich eigentlich ein Fall für's Krankenhaus wäre, aber er hat mich tadellos zusammengeflickt. Ich kann schon wieder denken. Nachher habe ich mir doch gedacht, das könnt auch schlecht ausgehen. Da könnt man leicht bewußtlos werden, wenn man zuviel Blut verliert. Aber ich muß dazusagen, der Unfall hat nichts mit meinem Alter zu tun, da bin ich nicht patschert (unbeholfen) gewesen, da kann ich nichts dafür.«

Lustig und fidel geht's natürlich auch zu auf der Alm. Nicht wie auf vielen nur für Touristen erhaltenen Kommerzalmen auf Bestellung, sondern wenn's paßt. Wenn's paßt und eine gemütliche Runde beisammensitzt, dann spielen auf der Gschwendtalm Helmut Ahrer und Roman Pölzguter auf der Knopfharmonika und der Gitarre und singen ihre Lieder und Gstanzln. Manchmal sitzt einer der beiden auch allein auf der Hausbank und spielt nur für sich auf der »Steirischen«, einfach weil's schön ist, und weist so Wanderern musikalisch den Weg vom Gamsstein auf die Gschwendtalm.

Ein großes Ereignis auf der Alm ist der Abtrieb im Herbst. Nur sehr selten aber wird das Vieh heute noch zu Fuß nach Hause getrieben. Traktoren erleichtern heute den Bauern dabei die Arbeit. Der Almbauer aus dem Brunnbach ist der letzte im Hintergebirge, der sein Vieh noch nach alter Tradition in den heimatlichen Stall bringt. Schaumbergalm – Ebenforstalm – Rabenbach – Wasserboden – Brunnbach, ein Marsch von Mensch und Tier, der oft fünf bis acht Stunden in Anspruch nimmt.

Bunter Abschied von der Alm.

Schon Wochen vor dem Almabtrieb basteln die Sennerinnen kunstvolle Kränze aus allerlei Grünzeug und Kreppapier, mit denen das Vieh geschmückt wird. Jahrhundertealte Regeln werden dabei eingehalten. Gab es z. B. während des Sommers ein Un-

glück auf der Alm, wurde das Vieh beim Abtrieb nicht geschmückt. Ist ein Mitglied der Bauernfamilie verstorben, wurde das Vieh zwar geschmückt, die Kränze hatten dann aber schwarze, statt bunte Mascherl. Auch darüber weiß »d'Annerl-Tant'«, so wird Anna

Großschartner auch genannt, zu berichten: »Ich erinnere mich an einen solchen traurigen Almabtrieb auf der Anlaufalm. Der ›Prenn‹, der Bauer vom Schieferstein in Reichraming, ist verunglückt, das Vieh wurde damals mit schwarzen Mascherln geschmückt!«

Anna Großschartner hat ihr Leben auf der Anlaufalm in Gedichtform niedergeschrieben. Mit melancholischer Feierlichkeit gibt sie ihr Gedicht manchmal auch zum Besten. Ihre Herzlichkeit, ihre Verbundenheit mit Mensch, Tier, Natur und Alm wird nahezu greif-

bar. Nur zu verständlich sind uns ihre Worte: »D'Alm is mei Hoamat!«

(Otto Schörkhuber)

H: »Da haben wir Müh... da haben sie es dann direkt verlangt.«
J: »Oh!«
H: (lacht laut auf).
J: »Ah, die haben schon gewartet? Mit einem schönen Käs?«
H: »Ja. Da hat es ja auch Butter, eine gute Butter, eine gute Milch – eine Rührmilch, sagen wir, eine Buttermilch – hat es gegeben, da... einen Topfen... da haben wir fest g'habert. Und da haben wir wieder, zu der Schwoagarin, haben wir gesagt... für den Montag mußt uns wieder zwei Kilo Rindsschmalz herrichten, Butterschmalz... ja, a Gaudi war's, lustig...

Almsterben:
»Flennen möchtest, wennst weißt...«

Die Almen im Hintergebirge waren und sind Enklaven der bäuerlichen Kulturlandschaft inmitten weiter forstwirtschaftlicher Flächen. Kein Wunder, daß der Waldeigentümer, hier die Österreichischen Bundesforste, fremde Besitzansprüche lieber heute als morgen ablösen will. Dabei werden den Bauern oftmals günstiger gelegene Ersatzflächen angeboten. Was auf den ersten Blick wie ein ökonomisch vernünftiges Unterfangen ausschaut, entpuppt sich jedoch als eine enorme nachhaltige Verarmung der Landschaft. Mit unseren Almen verlieren wir überdies ein kostbares Kulturerbe.

Wer aufmerksam durchs Hintergebirge streift, der sieht noch Reste einstigen Almlebens: Hüttenruinen, Einfriedungen, Hollunderstauden, Obstbäume inmitten dunkler Fichtenpflanzungen. Besonders eindrucksvoll ist der Blick von der Hochschlacht zur gegenüberliegenden ehemaligen Annerlalm: Eine grüne Einheitsinsel inmitten bunter Mischwaldungen markiert punktgenau die einstige Almfläche.

Wehleidige Erinnerungen eines alten Holzknechts (H) in einem Zwiegespräch mit einer Journalistin (J):

H: »Ja, und auf d'Nacht, wissen' S... wie es im Sommer war... um halb sechs Uhr haben wir Schluß gemacht, dann haben wir eine Stunde gekocht... na, dann war es halb sieben, der schönste Tag... da sind wir oft in d'Alma gegangen.«
J: »Wo? Auf die Alm?«
H: »Auf d'Alm, ja.«
J: »Was habt ihr da gemacht?«
H: »Ja. Gaudi, Gaudi, lustig war's, da auf der Alm (wissendes Gelächter). Ja, ein wenig Musik...«
J: »Aber keine Frauen...«
H: »Ist eh die Schwoagarin – die Sennerin – dagewesen!«
J: »Aber nur eine... und fünfzehn Männer.«
H: »Ja (wiederum wissendes Gelächter). Sind ja eh mehr Alma gewesen!«
J: »Ah, jetzt versteh ich.«
H: »Ja. Ja (schmunzelt).«
J: »Ihr seid's zu den Almen gegangen und habt's die Almen unsicher gemacht?«

Aber derweil das Gebiet noch richtig natürlich war, wie der Triftsteig hinein war... die Alma, die da drinnen waren... das kann man sich ja gar nicht vorstellen, wie wir da gearbeitet haben... es ist ja doch ein weites Tal, eine Alm auf die andere... wie wir da in der Früh auf die Arbeit gegangen sind, die Glocken von den Viechern... ah das Schewawea (Geläute) überall und die Schwoagarinnen, wenn's zusammengegangen sind ums Vieh... die haben gejodelt und gjuchatzt, ah... da war ein Leben drinnen. Und heute – schau hinein: Die Almhütten sind verfallen... Was da für eine Gaudi... und wie lustig, wie es da gewesen ist – heute ist ein Moderhaufen da oder ein Steinhaufen. Die Stöfflalm, die Annerlalm, die Wolführeralm, Schaumberg... alles zusammengefallen... flennen möchtest, wennst weißt, wie lustig und schön es da gewesen ist. Und heute ist nichts da. Moder, zusammengefallen, alles zusammengefallen...

Die Wolführerklause, die war die ganz letzte Klause hinten drinnen... da haben wir im Jahr zweimal herausgeklaust... und da waren ja lauter Alma, alles Weide gewesen... Und früher war das so, da sind sie von Reichraming weggegangen, auf d'Annerlalm sind sie so dreieinhalb Stunden gegangen, und dort sind sie über Nacht geblieben... eine schöne Alm gewesen, eine schöne Aussicht... nächsten Tag sind sie gegangen bis in d'Stöfflalm... da sind dann durchaus die Alma... jetzt kannst ja nirgends bleiben drinnen... früher habe ich überall bleiben können drinnen... das ist heute alles weg.«

Schaumberg.

»Hirsch, Gams- und Rehbock«:
Der Jäger vom Hintergebirge

Forstmeister H. sieht rot. Beinhart bleibt er dabei: Das Ansinnen kann noch so artig vorgebracht werden, der Buchautor hat mit dem Revierjäger vom Hintergebirge drinnen nichts verloren. Denn der Buchautor ist ganz ein Schlimmer, ein Naturschützer, so ein »Grüner«, der ist gegen die Bundesforste und beunruhigt daher das Rotwild im besonderen Ausmaß. Der Fotograf darf mit dem Jäger fahren, der Autor nicht.

Also sprach der Herr Forstkanzleirat.

Eine Privatvisite beim Jäger kann nun doch keinem verwehrt werden. Nun zur Sache, im heimeligen Jagdzimmer, bei Apfelsaft, Kaffee und Kuchen.

Revierjäger Hermann Kittinger liebt's erotisch: »Es ist ein sonderbarer Vergleich, aber bezeichnend: Bei einer Frau... ein Mann, der sucht eine Frau, eine Geschlechtspartnerin – entweder er

Hermann Kittinger, der Jäger vom Hintergebirge.

fährt in ein einschlägiges Etablissement, dann zahlt er, und er hat's schnell. Oder: Es führt ein Weg dazu hin, jetzt..., die gefällt ihm, Teufel noch einmal, sympathisch, die wachelt eh schon ein weng und so. Dann geht er einmal mit ihr fort und dann... Das ist das Richtige! Und beim Jagern ist es genauso.«

Das ist eben der Unterschied zwischen vielen Schuß- und Ex-Hobbyjägern und einer waidgerechten Revierhege, meint der Jäger vom Hintergebirge, denn »es muß ja nicht jeden Tag krachen. Jagen hat nicht unbedingt mit Schießen zu tun. Das ist vielleicht

der Tupfen auf dem ›I‹, mehr nicht!« Ein Tupfen, den es sehr wohl auszukosten gilt, hat der Waidmann so etwas wie eine Beziehung zum Wild. Hat er es erpirscht, muß er es einmal gründlich begrüßen, das heißt »ansprechen«: »Ist's ein Hirsch, ein Kalb, ein Tier, ein Schmaltier, welche Altersklasse, ist es ein Achter, ein Zehner, ist es schießbar oder nicht?« Und dann, »wenn's paßt... der eine kracht gleich hin, der andere will die Situation genießen und schaut's vorher noch ein bisserl an... freut sich schon drauf, und dann drückt er ab – wenn es schön breit dasteht, aufs Blatt, da-

mit es im Feuer verendet. Das ist ja auch ganz wichtig!« Ein Profi wie Kittinger zielt gleich hinters Blatt, hinter die Schulterpartie, da gibt es nicht so viel Wildbretverlust wie bei einem regelrechten Blattschuß. Ein Berufsjäger wie Hermann Kittinger hat jedoch bei weitem mehr zu tun, als mit dem Jagdpächter auf dem Hochstand zu sitzen oder alleine auf Pirsch zu gehen. Seine Hauptarbeit rankt sich um das, was wir gemeinhin als »Hege« bezeichnen. Für sein Gehalt, das sind nach 30 Dienstjahren S 12.000,–, muß er ganz schön was leisten. Das Revier Hintergebirge umfaßt zusammen mit der Saigerin und dem Blaberg eine Fläche von 4300 ha. Es beginnt beim Annerlsteg, die Grenze verläuft dem Bach entlang bis zur Mündung des Schwarzen Baches, dann hinauf zur Rodelauer Alm, Blaberg, Hirschboden, Wasserklotz, Ahornsattel, Langfirst, Groissenalm, Hundseck, Weingartalm, in der Fallinie hinauf zum Größtenberg, am Felsrand des Ahorntals hinunter, hinauf auf Trämpl und Alpstein, Luchsboden, hinüber auf den Kienrücken, Annerlsteg. Alles Namen, die für das Urigste und Hinterste am Hintergebirge gelten.

Am 1. April beginnt das Arbeits- und Wirtschaftsjahr für den Jäger. In höheren Regionen und in den kalten Gräben liegt zumeist noch Schnee, da gilt es, die Hochwildfütterungen bei der Wällerhütte und zwei Rehkrippen zu versorgen. Heu und Rüben bilden die Hauptmahlzeit, gelegentlich stehen Mais und Hafer als Kraftfutter auf dem »Menüplan« der Hintergebirgshirsche. Gegen zuviel Kunst und Mast verwehrt sich Herr Kittinger: »Da gibt es aber auch Pächter, die verfüttern Kakaoschalen und Wafferl. Die Hirsch fressen's gerne. Richtig ist das nicht, das sollte naturnah sein!« Gerade in letzter Zeit ist die Winterfütterung auf herbe Kritik von seiten der Waldbauern gestoßen, da sie die Dichte der Wildpopulation in die Höhe treibe und die natürliche Auslese verfälsche. Dadurch, so ihre Meinung, gerate das Ökosystem Wald durch starke Verbiß- und Schälschäden arg ins Wanken, zum Teil sei die Naturverjüngung bei den Schutzwäldern zusammengebrochen. Der Jäger vom Hintergebirge hat sich mit dieser Problematik intensiv auseinandergesetzt: »Darum füttern wir jetzt auch Rüben. Das ist ein Saftfutter, da werden die Hirsche eher vom Baumschälen abgehalten... und wenn das Wild wie früher einen großräumigen, natürlichen Lebensraum zum Wandern hätte, dann würde es im Winter nicht im Hintergebirge bleiben, wo es einen Meter und mehr Schnee hat, sondern es würde hinausziehen ins Ennstal, in tiefere Flächen, wo es eine Weichholz- und Grünäsung hat – bis in die Donauauen würde es ziehen. Aber diese Möglichkeit hat man dem Wild genommen, wir haben ja alles verbaut, besiedelt – die können unmöglich mehr hinauswandern. Außerdem würde das Wild einen großen Schaden in der Kulturlandschaft anrichten. Damit es trotzdem eine Überlebenschance hat, muß man es im Winter füttern!« Schmerzlich erinnert sich Herr Kittinger an jenen strengen Winter vor dreißig Jahren, als in seinem Revier 40 Stück Rotwild, 40 Gams und 35 Rehe erfroren sind, weil sie nicht mehr in mildere Gefilde wandern konnten. Diese Wildkatastrophe hat man zum Anlaß genommen, die Winterfütterung auch in hinteren Revieren zu begründen.

Mit Ende der Fütterungszeit beginnen die Reparaturen an den »Raufen« (Futterkrippen). Über 90 Salzstellen müssen zudem neu bestückt werden, entlegene Kisten, wie am Kienrücken, werden zu Fuß aufgesucht. Schließlich gehören Hochstände ausgebessert oder neu gezimmert, die Jagdsteige – »Da kommen schon 50 km Steig zusammen« – müssen für die heranrückende Pirschzeit sauber geputzt werden. Bei den Jagdhütten auf der Wolfführeralm, auf der Stöfflalm, in der Saigerin und auf

Langmoos werden die Brennholzlager frisch aufgefüllt. Gleichzeitig wirft der Jäger einen scharfen Blick auf seinen Wildbestand, schaut, ob Fallwild liegt, beobachtet gespannt die Balz von Auer- und Birkwild, nur zu dieser Frühjahrszeit läßt sich die Hahndichte genau bestimmen. Derzeit zählt er in seinem Revier 70 Stück Rotwild, ungefähr 40 »Tier« und 30 Geweihträger, 80 bis 100 Gemsen und 50 Stück Rehwild. Neben Fuchs, Marder und Schneehasen kann er noch auf eine stolze Anzahl der schon in vielen Gebieten Europas ausgestorbenen Rauhfußhühner verweisen: 15 Auerhähne, gleich viele Birkhähne und ungefähr 30 Stück männliches Haselwild bevölkern seine Jagdgründe. Kaum geht er mit einem Jagdgast auf einen Hahn, und »das ist eh besser so, denn die sind stark gefährdet«! Aber nicht durch die Jäger, ist sich Herr Kittinger sicher, sondern durch die moderne Forstindustrie, die den Lebensraum für dieses sensible Federwild stark reduziert hat. Sein Biotop sind großflächige, geschlossene Mischwälder mit natürlichen Altholzbeständen. »Und alte Bäume werden immer weniger – und wenn etwas da ist, dann ist es nicht geschlossen, das ist oft nur 30 m breit. Die Rauhfußhühner bevorzugen große, geschlossene Altholzbestände mit kleinen Lichtungen. Der Baumgarten, wie er heute großteils ist, das ist kein Wald mehr. Die wollen ja heut schon eine Holzfabrik haben – nicht einen Wald, eine Holzfabrik!«

Wenn es um den Wald geht, da hilft der Jäger schon einmal kräftig seinem Wild. Er will nicht ganz einsehen, daß es für alle Waldprobleme geradestehen muß. Aus Loyalität gegenüber seinem Arbeitgeber, den Österreichischen Bundesforsten, verzichtet er lieber auf beherztere Kritik in Richtung Forsttechnokratie. Natürlich weiß er, daß frühere und zum Teil auch heutige Jagdherren sich einigen Unfug geleistet haben und leisten, daß ungebremste Mästerei und

Trophäenkult einiges in Wald und Flur anrichten können. »Es war einmal eine Überhege da, das kann man gar nicht von der Hand weisen. Und das wirkt sich bis heute aus!« Zu hohe Schalenwilddichten führen eben zu nicht mehr verkraftbaren Verbiß- und Schälschäden, eine natürliche Waldverjüngung kann durch falsch geregelte Wildhege verhindert werden.

Der Jäger vom Hintergebirge sieht allerdings diese Auseinandersetzung zwischen der Forst- und Jagdpartie nicht so verbissen. Er hat so seine eigene Meinung. Und sie klingt vernünftig: »Alter

Mischwald mit eingestreuten Äsungsflächen, wie Wiesen, ein kleiner Schlag, das wäre das ideale Biotop für alle Wildarten, dann gäbe es auch nicht so viele Waldschäden durch Verbiß!«

Was Öko-Spatzen schon lange vom Himmel pfeifen und die Forst- und Jagdavantgarde längst zum Credo erkoren hat und auch tüchtig anwendet, findet beim erfahrenen Jägermeister seine Bestätigung: »Eine ökologische Waldwirtschaft, mit verschiedenen Altersklassen und Mischwald – dann hätten Wald und Wild miteinander wieder mehr Zukunft!«

Derzeit ist der größte österreichische Waldbesitzer, die Bundesforste, von Kopf bis Fuß auf Abschuß eingestellt – »Totalabschuß«, wie Kritiker sagen. Der Waldzustand zwingt uns dazu, meinen die Holzleute und vergessen dabei, so die Wildleute, daß sich die Forstwirtschaft durch ihr alles andere als ökologisches Fuhrwerken selbst die Suppe eingebrockt hat, die jetzt das Wild auslöffeln soll. Die Waldrettungsstrategie darf nicht in die Einbahnstraße eines Quasi-Totalabschusses des Schalenwildes münden. Nur eine Parallelaktion zwischen Waldökologen und Wildmanagement kann einen Ausweg aus den vielen Irrwegen schaffen.

Derweilen schwitzen im Hintergebirge der Pächter und sein Jäger noch wegen der satten Abschußpläne, die von der örtlichen Forstverwaltung festgelegt und von der Bezirkshauptmannschaft genehmigt werden. Der Jagdherr hat das Recht, diesen Plan – »enorme Zahlen, auf den Wildbestand bezogen!« – widerspruchslos zu exekutieren. Ab Juni kamen

Wildfütterung: Überlebenswichtige Hege oder Mastanstalt auf Kosten des Waldes?

im Jagdjahr 1990/91 26 Stück Rehwild und ab 1. August 30 Gemsen und 38 Stück Rotwild auf die Abschußliste. Damit die Reduktion so richtig greift, muß zu ca. 2/3 weibliches Schalenwild auf der Strecke bleiben. Bis 15. Jänner dauert die Schlacht im kalten Wald, »viel zu lange«, meint der Praktiker, »weil das Hochwild gerade in seiner Notzeit nicht gestört werden soll«, denn »die Waldschäden sind ja zum Teil auch dadurch begründet, daß das Wild nicht mehr die Ruhe hat. Wenn es bei der Ruhezeit gestört wird, oder bei der Winterfütterung, dann kommt es aus dem Äsungsrhythmus, geht in den

Das Gamswild ist im Hintergebirge nahezu überall anzutreffen. Es lebt gerne im Rudel, wobei das »Scharwild« vor allem aus Geißen, Kitzen und Jungböcken besteht. Die älteren Böcke sind Einzelgänger. Die Brunft beginnt im November, im Juni stellt sich dann der Nachwuchs ein, wobei jede Geiß nur ein Kitz (nur in Ausnahmefällen gibt es Zwillinge) wirft. Dadurch kann dieses Kitz von der Mutter besonders innig umsorgt und aufgezogen werden.

Wald und verbeißt sich an den Jungpflanzen«. Daß dabei die Waidmannschaft und nicht so sehr der unwissende Wanderer das Wild in Angst und Schrecken versetzt, wie uns der gesunde Hausverstand und jagdkritische Naturschützer vermuten lassen, dem schenkt auch der Jagdprofi mindestens ein offenes Ohr: »Zum Teil ist diese Vermutung sehr richtig. Wenn ein Berufsjäger da ist, dann ist das nicht so. Er lenkt und leitet die Sache so, daß das Wild seine Ruhe hat und daß es nicht jedes Mal, wenn es wo herausschaut, beschossen wird.« Der Jäger aus Beruf durchschaut halt seine Materie tausendmal besser als der aus Passion, der wegen der Kleinheit seines Reviers keinen Berufsjäger zahlen muß. »Da ist ein Jagdpächter mit ein paar hundert Hektar, einen Bruder hat er, einen Schwager und fünf Freunde, die gehen dann immer jagern – da ist immer wer draußen im Revier, da wird zu jeder Tages- und Nachtzeit geschossen, das Wild ständig beunruhigt. Und das ist der Untergang von der Jagd, wenn so gejagt wird!« Nicht leicht gehen Herrn Kittinger diese Worte der Kritik über die Lippen, denn »...man kann ja als Jäger nicht gegen Jäger negativ reden, aber man ist manchmal schon gezwungen dazu«. Für ihn liegt ein Grund

für den Imageverlust der Jagd darin, daß bei der Verteilung der Jagdberechtigung kaum auf Charakterstärke und Erfahrung Rücksicht genommen wird. »Früher hat es eine sorgfältige Ausbildung und Einführung in die Jagd gegeben, man ist oft mit älteren Jägern mitgegangen. Heute macht er die Jagdprüfung, zu Mittag ist er fertig, holt sich schnell auf der Bezirkshauptmannschaft seine Jagdkarte und am Abend sitzt er schon und schießt einen Rehbock. Zum Jagern gehört mehr dazu: Und wenn einer nichts anderes tut, als in den Wald zu gehen, ein Wild umzubringen und dann ins Wirtshaus fahren zum Feiern und sich dort brüstet – dann ist er falsch am Platz, dann gehört er nicht in die Reihen der echten Jäger.«

Sein Pächter, ein potenter Deutscher Buch- und Zeitschriftenverleger, erntet da nur Lob, ihm ist jeder Trophäenkult fremd und »...er hat die gleiche Einstellung wie ich. Bei uns im Revier gehen nie zwei gleichzeitig jagern. Nur in extremen Ausnahmefällen«. Wieviele Millionen Pachtgroschen sein Jagdherr im Jahr den Bundesforsten überweist, darüber schweigt Kittinger diskret. Für das Renommee, das berühmte Hintergebirge als seine Jagdgründe eigen nennen zu können, die er durchschnittlich zweimal im Jahr aufsucht, dafür muß der Herr aus dem fernen Hamburg tüchtig sein Konto erleichtern. Die Personalkosten für den Jäger belaufen sich schon auf S 350.000,–, dazu kommen alle laufenden Aufwendungen für das Revier (z. B. Fütterung) und natürlich die Pacht. Trotz des hohen Kapitaleinsatzes kauft sich der Pächter beileibe keine Freiheiten ein, sondern »...nur Verpflichtungen... Wir müssen froh sein, daß es solche Leute gibt, die Geld für die Wildhege ausgeben«. Auch im Zuge des geplanten Nationalparks könnte sich Herr Kittinger ein Großpachtsystem vorstellen, wobei die Pächter eher eine Sponsoring-Funktion hätten und ihre Reviere nach rein ökologischen Kriterien bejagen. Traurig ist der Jäger vom Hintergebirge schon, wenn das Wort »Nationalpark« fällt. »Ich war zuerst sehr positiv gegenüber dem Nationalpark eingestellt, weil ich mir gedacht hab', da wird ein relativ unberührtes Gebiet erhalten, und da hab ich mir vorgestellt: Es wird zum Teil nicht mehr bewirtschaftet, da kommen wenig Leute hinein, da wird nicht überall eine Straße hingebaut, nur weil 500 Meter Holz stehen... daß einmal wo eine Oase ist. Wie ich aber gesehen hab, daß da der Fremdenverkehr von gewissen geschäftstüchtigen Leuten damit ins Auge gefaßt wird, da bin ich ein Gegner des Nationalparks geworden. Da war's ja bisher gescheiter, als es ausschaut, daß's wird.« Daß viele Leute die Naturschönheiten des Hintergebirges genießen wollen, »...das akzeptiere ich auch – aber gelenkt soll das Ganze werden, am besten wären geführte Wanderungen, daß die nicht überall hinrennen«! Der Jäger weiß, wovon er redet: Aufgebrochene Hüttentüren, gestohlenes Brennholz, wilde Camper, brennend zurückgelassene Lagerfeuer, das alles stimmt den wehmütig, der die Ruhe und Einsamkeit des einstigen Hintergebirges, das heißt vor seiner »Entdeckung« im Zuge der heißen Kanonenschießplatz-,

Kraftwerks- und Nationalparkdebatten, gekannt hat.

Ein Relikt aus dieser Urzeit dürfte sich sogar bis zur Gegenwart herübergerettet haben: das Wildern. »Früher war's irgendwie gerechtfertigt, in den dreißiger Jahren, wie die Holzknecht drinnen waren, das war gang und gäbe, bei so einer Partie, da war einer der ›Fleischhacker‹, haben's gesagt. Da haben sie halt auf d'Woche jeder ein Bröckerl Fleisch gehabt. In Ordnung! Die Leute, die dort leben, die haben im gewissen Sinne ein Recht d'rauf!« Herr Kittinger ist selbst Sohn eines ehemaligen Holzknechts und hat die Not der kleinen Leute miterlebt. Für den gegenwärtigen Wildfrevel hat er nur Verachtung parat: »Heute kommen sie oft auch von weit her und schießen vom Auto aus... Da liegen dann die verendeten Stücke neben der Straße!« Gelegentliche, unidentifizierbare Schüsse hallen auch jetzt noch durch das Hintergebirge, ertappt hat der Jäger allerdings »leider noch keinen«. Viel Zeit hat er dazu nicht mehr: In drei Jahren geht er in Pension. Ob diese Stelle nachbesetzt wird, ist mehr als fraglich. Gab es früher fünf Berufsjäger in der Reichraminger Forstverwaltung, so gibt es heute nur noch zwei. Der Grund: Die Reviere werden immer mehr geteilt, denn es ist schwer, Pächter für so großflächige Jagdgründe zu finden. Bei kleineren Revieren ist der Jagdherr nicht mehr gezwungen, Berufsjäger einzustellen.

»In zehn Jahren gibt es in Oberösterreich kaum mehr einen Berufsjäger!«, gibt der vielleicht letzte Jäger vom Hintergebirge zu Protokoll. Das schmerzt. Wer ihm schon einmal in seinem Revier begegnet ist, mit ihm über Gott und die Welt und das Wild und den Wald und die Natur geredet hat, der weiß, warum. Sein Wissen, seine Erfahrung könnten für so manche Planer, die über die Zukunft des Hintergebirges gebieten wollen, von Nutzen sein.

Die Überlebenden der sechsköpfigen Wilderergruppe kurz vor dem Prozeß in Steyr. Von links nach rechts: Leopold Schmidthaler, Michl Schmidthaler, Josef Helbauer, Wenzel Christa, Josef Schmidthaler. Der sechste Wildschütz, Hiasl Schwarz, wurde aus etwa zehn Schritt Entfernung niedergeschossen und starb am 20. September 1879 im Krankenhaus Steyr.

»Wenn das Fleisch eh drinnen umeinandläuft...«: Geschichten von sozialen Rebellen, Jägermördern und sonstigen Helden

Da wird der Greis zum Schelm, seine Augen glänzen. Wenn die Red' ist von seinem Schützenleben im Hintergebirge, da fließt selbst in seinen alten Tagen das Blut rasanter. Kein Wunder: Gamsblut soll stark machen und die Jugend erhalten. Über 80 Jahre alt und solch eine Energie; offensichtlich mußte da schon ein ganzes Gamsrudel daran glauben.

Der Alte erzählt aus seinem Holzknecht- und Wildererleben im Hintergebirge: »Auf d'Nacht um halb sechs sind wir in die Hütten zurückgekommen, dann haben wir eine Stunde gekocht... dann hat's halt eine Gaudi gegeben, da sind wir auf die Alm gegangen oder irgendwas... oder Hirschgeweih suchen... Ja, das Wildern hat auch dazugehört. Das war so üblich, früher. Ja, wenn das Fleisch eh drinnen umeinandläuft, dann sollen wir sowas hineintragen? Das wäre ja doch ein Blöd-

sinn!« Er lacht laut auf. Die Krikkerl an der Wand und der stolze Gamsbart auf dem Hut sind ein beredtes Zeugnis seiner einstigen erfolgreichen Pirschgänge.

Phänomen Wilderer: Kaum ein Heimatfilm, der auf diesen rußgeschwärzten Aufputz verzichten will, Bücher, Dokumentationen, Diskussionen darüber sind heute genauso gefragt wie früher Gstanzeln oder Bänkellieder, ein Tiroler Wilderergrab verkommt – wie

81

sollte es anders sein? – zur Touristenattraktion, soziologische Abhandlungen sind Bestseller.

Die Mär vom Rächer der Enterbten, vom Robin Hood der Alpen, vom Sozialrebellen, der es den Grundherrschaften schon zeigt, wo der Bartl den Rehbock holt – sie schindet auch heute noch gewaltigen Eindruck. Nicht minder stark gibt sich die Kulisse des Wildschützen: Klettereien in wüsten Schluchten, über tosende Wasser, im blanken Fels, Nachtpirsch bei Mondschein im schwarzen Tann, Zwölfendern auf der Spur, den Jäger im Nacken und die fesche Sennerin auf dem Schoß, die eisern zu ihm hält, weil er's mit ihr hält.

Kaum ein Tatbestand, wo zwischen dem Empfinden der kleinen Leute und den entsprechenden Paragraphen ein größeres Loch klafft. Schon seit urdenklichen Zeiten gilt das Wildern als tätiger Widerstand des Volkes gegen die Allmacht der Grundherren. Vor der Einführung des Römischen Rechts im Frühmittelalter war es allen Stammesmitgliedern erlaubt, zu jagen. In diesem Sinne war das Wildern ein jahrhundertelanger Kampf gegen Grafen, Bischöfe und Könige für die Wiedergewinnung des allgemeinen Jagdrechts. Und das Imperium schlug dementsprechend brutal zurück: So ließ der Salzburger Erzbischof (er hat jetzt noch Besitzungen im und um's Hintergebirge) ertappte Wildbretschützen öffentlich von Hunden zerreißen oder auf venezianischen Galeeren schinden.

Noch ein unerträglicher Umstand zog den Zorn des Volkes auf sich: Ohne Rücksicht auf Verluste wurde das grundherrschaftliche Wild gemästet, nahezu herdenmäßig gehalten. Dabei richtete es große Schäden in den Feldern und Gärten der kleinen Bauern an, so daß diese sich wehren mußten. Alte Chroniken erzählen sogar von organisierten Treibjagden der wildgeplagten Bauernburschen. Zwei Fliegen auf einen Schlag gegen die arge Not der Bauern: Das Wildern schonte Äcker und Gärten und bereicherte überdies den Speisezettel der Hungerleider. Nicht selten verteilten Wildschützen Fleisch-Almosen an die Ärmsten, die es ihnen mit Bewunderung und absoluter Schweigsamkeit gegenüber den jagdherrlichen Häschern dankten.

Der Hunger trieb bis Ende der vierziger Jahre unseres Jahrhunderts gerade Handwerksburschen und Arbeiter in den Wald. »Das war kein Holzknecht nicht, der was nicht gewildert hat«, erklärt ein stolzer Wildererveteran. Gleichlautend die ehemalige Halterin auf der Anlaufalm: »Die Leut haben gesagt: ›In Weißwasser und im Brunnbach gibt es keinen Holzknecht, der nicht wildert!‹« Die Wilderergeschichten des letzten Jahrhunderts ranken sich wirklich zum größten Teil um Holzknechte, die sich von ihrem Arbeitgeber auf eigene Faust und mit eigener Büchse mehr Lohn durch ein zusätzliches Fleischdeputat verschafften. Einigermaßen wahrheitsgetreu erzählt, sind das kaum Geschichten voll romantischer Verklärung, mit Jodelecho, Almliebe ohne Sünd' und sonstigen nostalgischen Weichzeichnern. Das sind Erzählungen von Not, Hunger, Ausbeutung, von harten

Pirschgängen im kalten Nachtnebel, von Verrat und nackter Gewalt bei Zusammenstößen mit Jägern und Gendarmen. Das sind auch Zeugnisse von Selbsthilfe und trotziger Standhaftigkeit der kleinen Leute, von Solidarität und Menschlichkeit.

Über die berühmte »Wildererschlacht von Molln« wurde schon viel geschrieben und erzählt. Gefürchtete Wildererbanden aus diesem Steyrtaler Ort machten damals nach dem Ersten Weltkrieg die Reviere im Sengsen- und Hintergebirge unsicher. Zusammenstöße mit Jägern arteten zumeist in wüste Schlachten aus. In den

Märztagen des Jahres 1919 überraschte ein Sondertrupp der Gendarmerie eine Wildererversammlung im Gasthof Doleschal und richtete ein blutiges Gemetzel an. Vier Schützen erlagen ihren Verletzungen. Ein wahrer Sturm der Entrüstung setzte nun in der Bevölkerung ein: Es kam zu Streikversammlungen in den Betrieben, zu wilden Debatten in der oberösterreichischen Landesversammlung, zu tätlichen Angriffen auf Jäger und Gesetzeshüter und schließlich zu einem Rachemord an einem Mollner Förster.

Die »Linzer Tagespost« vom 17. März 1919 nannte diesen Vorfall

eine »Jagdrevolution in Molln« und sprach von einer »Bauernrevolution der einsamen Mollner Waldleute gegen das Jagdprivileg des großen adeligen Grundherrn«, die Gendarmen werden als »Söldlinge der besitzenden Klasse und Soldknechte des Kapitalismus« gebrandmarkt.

Wie bei allen Auseinandersetzungen in der Ersten Republik ging es auch beim Wildern nach bewährtem Schema: Rot gegen Schwarz, später: Braun, Rot gegen Schwarz und umgekehrt. Der rote Holzknecht, ausgebeutet von schwarzen Bauern, Grundherren, Unternehmern, verfolgt von Jägern und Gendarmen, den »Speichelleckern« der schwarzen Macht...

Auch der Garstenauer Hans, einer von mehr als 300.000 österreichischen Arbeitslosen in den Dreißigern, ein Holzknecht aus Großraming, war ein Roter – und ein Wildschütz. Er erschoß am 21. Juli 1932 einen Förster, der brutal und rücksichtslos gegen Wilderer vorging. Ein Duell auf Leben und Tod soll es gewesen sein, damals in der Hölleiten, sagen die Leute. Die Gerichtsprotokolle sind da eher anderer Meinung. Jedenfalls, recht viel Trauer kam nicht auf, als man den Förster Luger zu Grabe trug. Seine Frau, der ein Verhältnis zum hiesigen Rauchfangkehrer nachgesagt wurde, setzte ihrer Beziehungskiste ein besonderes Denkmal: Sie krönte ihres Gatten Grab mit einem prächtigen Hirschgeweih. Dem gemeuchelten Förster wurde posthum das Geweih aufgesetzt, und er trug somit zur jahrelangen Volksbelustigung bei. Garstenauer, der sechs Jahre verschärften Kerker absitzen mußte, wurde fortan zwar »Lugnermörder« genannt, aber »die Leut, die haben ihn das nicht spüren lassen«, beschreibt eine Zeitzeugin die heimliche Komplizenschaft der Bevölkerung mit den Wildschützen.

Auch der Jäger G. – »Ein sekkanter Hund!« – ging Anfang der zwanziger Jahre durch Wilderer-

schüsse in die ewigen Jagdgründe ein. Auf dem Wolfskopf nahe der Anlaufalm wurde er nach dreitägiger Suche aufgefunden. Was der Suchtrupp vorfand, sah nach einer regelrechten Exekution aus: Drei gezielte Schüsse aus drei verschiedenen Gewehren. Von den Schützen fehlte jede Spur. Jahrelang wurde ermittelt, verdächtigt, verhört, verhaftet. Männer, die dem G. was heimzahlen wollten, gab es genug. Zwei Hauptverdächtige hatten ein felsenfestes Alibi. Die Täterschaft blieb der Polizei und Justiz verborgen. Ein paar Eingeweihte wußten alles, doch »die waren so stark, die haben sogar beim Sterben nicht ausgeredet«, berichtet einer, der es auch weiß, wer es war. Eine Namensnennung würde, so wird beteuert, jetzt noch wie eine Bombe einschlagen. Der Mord am Jäger G. bleibt ein Geheimnis, das für alle Zeiten ins Grab mitgenommen wird.

Auch beim Fall G. zeugt die mündliche Chronik vom schwarzen Humor und mangelnden Respekt der Leute vor dem Wildereropfer: »Beim Abtransport haben sie den G. wie einen Hirsch auf einen Stock gebunden und nach Hause getragen, wie ein Wildbret. Beim Wirt in Weißwasser haben's ihn vors Haus geschmissen, haben ihn zur Schau gestellt, haben seelenruhig was getrunken, dann haben's ihn wieder geschnappt und sind weitergegangen.«

A. war ein berüchtigter, aber geehrter Wildschütz, sein Revier waren die Waldungen rund um die Große Klause. Eines Tages, Anfang der Dreißiger, er war mit einigen seiner Spezies auf Pirsch gegangen, kehrte er nicht mehr zurück. Eine Suchmannschaft wurde zusammengestellt, der zuständige Revierjäger war auch mit von der Partie. Vor dem Ausschwärmen wurde vereinbart, daß derjenige, der A. findet, einen Signalschuß abfeuern sollte. Nach langer Suche vernahm man einen Schuß aus der Büchse des Jägers. Dann war lange nichts. Später, als sich wieder alle am vereinbarten Ort ein-

fanden, gab der Jäger an, er habe ein tollwütiges Eichkatzerl geschossen. »Gelogen hat er!«, weiß der Volksmund Gegenteiliges zu berichten, »der hat den A. vorher schon beim Wildern erwischt, auf ihn geschossen, schwer verwundet und ihn liegengelassen, daß er verreckt. Am nächsten Tag hat der A. dann noch gelebt, da hat ihm der Jäger den Fangschuß gegeben und ihn bei der Großen Klause – da sind so Uferausschwemmungen – vergraben«! Nachweisen konnte man dem Jäger nichts, die Leiche wurde nie gefunden. Jahre später hat das Triftwasser eine Menschenhand hinaus nach Reichraming gespült, die – so sind die Leute sicher – dem A. gehörte. Wenn auch nicht die Justiz, die Bevölkerung hatte das Urteil über den Jäger gesprochen. Als »Mörder vom A.« war er seines Lebens nicht mehr sicher. Mit Genugtuung wird berichtet, daß er sich ohne Begleitung in der Nacht nicht mehr auf die Straße traute, und war er im Wirtshaus der Letzte, so mußte ihn der Wirt nach Hause begleiten. Entnervt soll der Jäger dann weggezogen sein. Sein Name wird von Befragten jetzt noch zurückgehalten. Man will seine Nachfahren, beliebte und geehrte Leute, nicht vor den Kopf stoßen.

Die Liste der Wilderer, die von Jägern zur Strecke gebracht wurden, ist lang.

Ein tödliches Duell zwischen einer Wildererbande und Jägern spielte sich auf dem Ebenforst ab. Im Handgemenge erstach ein in arge Bedrängnis geratener Jäger einen Schützen, ein weiterer wurde schwer verletzt.

Ein halbes Jahrhundert früher machte eine sechsköpfige Wildererrotte das gräflich-lambergsche Revier im Anzenbach unsicher. 15. September 1879: Nach erfolgreicher Hirschjagd machten sich die glorreichen Sechs auf den Heimweg nach Reichraming. Da wurden sie von gräflichen Forstleuten gestellt. Eine Schlägerei Mann gegen Mann, schwere Bergstöcke im Einsatz. Plötzlich ein Schuß, Schrotprojektile zerfetzten den Rücken des Mathias Schwarz, der sich schon auf der Flucht befand. Fünf Tage später erlag der wildernde Holzknecht seinen Verletzungen. Wilderer und Jagdpersonal wurden angeklagt. Die illegalen Schützen – bis auf eine Ausnahme arme Holzknechte – wurden hart bestraft, die mutmaßlichen Todesschützen kamen mit einer Anklage auf »schwere körperliche Beschädigung« davon. Ein paar Schritte vor dem heutigen Anzenbachschranken erinnert eine 1990 angebrachte Gedenktafel an diesen tödlichen Kampf. Sie ist wohl auch eine bleibende Anklage gegen das Urteil der stets obrigkeitshörigen Justiz.

**»So geht es fort, jahraus, jahrein.«
(Anton Rolleder)**

Altes Holzknechtleben: »Ein elendiger Tschoch war's, aber romantisch...«

»Ums Tagwerden wird aufgestanden und mit Gebet an die Arbeit gegangen. Um 9 Uhr wird über ein gegebenes Zeichen vom ›Feurer‹ in der Hütte aufgeheizt und zum Frühstück, zur sogenannten ›Muszeit‹ (Mus-Koch), gegangen. Jeder kocht sein Mahl selbst. Dasselbe besteht gewöhnlich aus ›Nocken‹, das ist eine mit Wasser angemachte, in Schmalz gebackene Mehlspeise. Nach dem Frühstück wird wieder bis 2 Uhr gearbeitet, dann ist Ruhezeit und Mittagsmahl. Um 3 Uhr wird abermals an die Arbeit gegangen und dieselbe bis zur Dämmerung ohne Unterbrechung fortgesetzt. Bis dann abgekocht ist, wird es schon spät abends. So geht es fort, jahraus, jahrein. Im Winter, wo die Tage kürzer sind, wird sogar bei Mondschein gearbeitet.« (Anton Rolleder)

An diesem Tagesablauf hat sich, vom Chronisten Ende des 19. Jahrhunderts beschrieben, bis in die fünfziger Jahre unseres Jahrhunderts kaum etwas verändert. Von Montag morgen bis

Samstag mittag arbeiteten die Holzknechte weit drinnen im Hintergebirge. Ihr »Basislager« war eine der vielen Holzknechthütten. Diese Behausungen hatten an Einrichtung nur das Nötigste: Im Zentrum stand die offene hölzerne Feuerstelle, die mit Lehmziegeln feuersicher gemacht wurde. Ringsherum standen die »Brotstöckl«, etwa 50 cm hohe und 80 cm lange Proviantkistchen, für jeden Holzknecht eines. Darin waren Mehl, Brot, Zucker, Schmalz und Geselchtes sorgfältig aufbewahrt. Die »Stöck« dienten auch als Sitzbänke.

Über die edle Schlafstatt weiß ein ehemaliger Hüttenbewohner zu berichten: »Wie die Hütte lang ist, sagen wir die Ebenforsthütte, die Klaushütte – die ist achtzehn Meter lang, da ist von da bis zum nächsten Ende, da ist ein langer Baum, wissen Sie, und da sind lauter Riedeln (Abteilungen) drinnen... und im Boden haben wir ein ›Grass‹ (Reisig) drinnen gehabt oder ein Stroh... und da sind wir gelegen, nacheinander. Als wie die Sardinen, her nacheinander sind wir gelegen. Zwanzig Mann waren wir da in der ›Bockarat‹, in der Pritsche.«

Wie es da mit der Hygiene ausgeschaut hat, will man in unseren sterilgeilen, weißerweißen, fleckenreinen Zeiten natürlich genau wissen: »In der ›Bockarat‹ haben wir nur so gewöhnliche Wolldecken gehabt, ein Waschen hat es ja die ganze Woche, das ganze Jahr nicht gegeben – bei den Decken, mein' ich. Die waren gleich immer dreckig, weil in der Hütte, das offene Feuer, da hat es ja gestaubt, gestunken und geraucht. Da kannst ja nicht... da müßtest ja alle Woche die Decke mitnehmen nach Hause zum Waschen, aber so weit tragen? Wir haben eh so viel zum Tragen gehabt! – Und Flöhe haben wir gehabt. Ah, war das furchtbar!« Dem Zeitzeugen rinnt es jetzt noch kalt über den Buckel 'runter. »Im Sommer, wenn es warm war, haben wir uns immer ins Freie hinausgelegt. Drinnen

hat's fürchterlich gestunken... das Feuer, so viele Männer und die Flöhe... wir waren nicht gerne in der Hütte!«

Am Montag hieß es für viele noch früher aufstehen. Nur Fußwege führten zu den Arbeitsstätten im Wald. Männer aus weiter entfernteren Ortschaften mußten da schon mitten in der Nacht aus den »Federn«, um den Sammelplatz in der Schallau, im Anzenbach oder im Brunnbach rechtzeitig zu erreichen. In demokratischeren Zeiten vor 1933 wurden die Wegzeiten noch entlohnt, der patriotische Austrofaschismus strich diese Regelung. Wenn man bedenkt, daß für den Gang von und zur Heimstätte mit mindestens einem Arbeitstag pro Woche gerechnet werden mußte, so kann man die Verärgerung der Holzknechte verstehen – und ihre mehrheitliche Abneigung gegen das faschistische Regime.

Die permanent von der Arbeitslosigkeit betroffenen, der staatspolizeilichen Willkür ausgesetzten Forstarbeiter waren daher am Land nach dem Scheitern der Sozialdemokraten ein tragendes Element der nationalsozialistischen Bewegung, oft aufgestachelt von scharf ideologisierten Forstmeistern und Förstern.

Besonders gefürchtet waren die Winterreisen zu den hintergebirglichen Quartieren. Wenn Schnee lag, wenn der Boden gefroren war und die Riesen vereist werden konnten, dann ließ es sich gut holzen oder »schlitteln«. Ein Beteiligter erzählt: »Was glauben Sie, wie schwer daß da der Rucksack war, wenn wir im Winter gefedelt (Anm.: fedeln = umsiedeln, Arbeitsplatz wechseln, oder einfach: zur Hütte hineingehen) sind. Proviant für 14 Tage, Werkzeug mit Sag, Hackel, Sappel auf der rechten Schulter, da sind wir hinein auf den schmalen Steigen, die Schneeschaufel dazu... da sind wir 14 Leute gewesen. Wir sind um 6 Uhr fort von daheim, und um zwei Uhr Nachmittag sind wir auf den Ebenforst gekommen. Da ha-

ben wir immer abgewechselt: sechs Meter ist der gegangen, dann ist er auf die Seite, dann hat der nächste gespurt, so sind wir hinaufgegangen. Da sind wir waschlnaß gewesen vor lauter Schwitzen, weil es so ein Tschoch war!«

Unter der Woche immer der gleiche Trott, kaum Abwechslung: »In der Früh, da war der Meister der erste, der hat geschrien zum Aufstehen, meistens um sechs Uhr früh haben wir angefangen, im

Schlag zu arbeiten. Um fünf Uhr sind wir auf, oder um halb fünf, je nach Jahreszeit – und es ist halt drauf angekommen, wie weit wir zu gehen gehabt haben zum Arbeitsplatz. Wenn wir eine Stunde zu gehen gehabt haben, habe ich halt ehernter (früher) aufstehen müssen.« Zum Frühstück gab's die unverzichtbare Schale schwarzen Kaffee aus bodenständiger Gerste, dazu entweder Brot mit Butter oder Sterz.

Bei der Mittagsrast von 11 bis 12 Uhr wurde zumeist nur Brot mit Speck gejausnet, der Gang zur Hütte zahlte sich kaum aus. Zum Trinken zwischendurch griffen die Arbeiter zu schwarzem Kaffee, Brause oder Zitronenwasser. Im Sommer ist dann bis halb sechs Uhr abends weitergearbeitet worden.

Als besonders unangenehm – und da hat sich bis heute nicht viel verändert – wurde schon immer die Arbeit im Akkord angesehen. Die »Paß« (Arbeitsgruppe von ca. acht bis fünfzehn Holzknechten) arbeitete für einen Meister (Akkordanten), der vom Waldeigentümer einen Schlag gegen Kaution erwarb. Je früher er mit seiner Gruppe fertig war, desto mehr Verdienst schaute heraus, desto mehr Lohn war auch für die Holzknechte fällig. Dieses System

Ein »Schärfer« beim Blochputzen.

führte und führt aber zu großen psychischen und körperlichen Belastungen. Bei der Arbeiterauswahl ging es mitunter brutal zu, wer nicht spurte und kräftig mitarbeitete, mußte gehen – ältere oder kränkliche Arbeiter (Frühpensionen hat es ja noch nicht gegeben) waren die Leidtragenden. Nur für die fixangestellten Bundesforste-Arbeiter gab es dabei die Möglichkeit, bei Krankheit oder Invalidität auf eine leichtere Arbeit bei den betriebseigenen Sägewerken umzusteigen. »Das ist eine arme Geschichte gewesen«, berichtet ein ehemaliger Holzknecht, »da hat der Meister schon gesagt: ›Du pack an, kannst schon gehen, wennst nicht spurst, denn fünfzig stehen schon an und passen auf deine Arbeit‹«. Dazu ein Fall von vielen: »Und da kommt einer herauf, da haben wir gerade gejausnet, da haben wir Mittag gemacht. Na, da sind wir lauter kräftige Kampeln beieinander gewesen. Und jetzt kommt so ein Manderl daher, ein keisches (kraftloses) Manderl war er. Jetzt fragt er da, wo unser Meister ist. ›Ja‹, sagen wir, ›da sitzt er, der was halt den größeren Jausenbinkel hat, das ist unser Meister.‹ ›Na‹, sagt er, ›ich hab gehört, daß du noch Leut aufnimmst, daß du noch Holzknecht brauchertst‹. Ein Bär gewesen, unser Meister. Jetzt sagt er, das war halt ein so keisches Manderl, sagt er, ›weißt eh, ich bin schon so lang arbeitslos, keine Arbeitslose krieg ich, und fünf Kinder hab ich daheim.‹ Sagt er, ›weißt eh, ich weiß mir nicht mehr zu helfen‹. – ›Na ja‹, sagt der Meister, ›bist schon einmal bei den Holzknecht gewesen?‹ – ›Ja‹, ganz gschreckt war er, ›jaja‹, sagt er, er ist eh 'mal bei den Holzknecht gewesen. ›Kommst halt am Montag‹, hat der Meister gesagt, ›und nimmst halt die Totentruhe auch gleich mit für dich‹. Jetzt hat das Manderl eh schon so gschaut. Ich sag euch was, das ist was Armes gewesen!«

Beim Schlägern hielt sich lange das Prinzip, daß je zwei Mann den Baum vom Fällen bis zum Entrin-den »ganzheitlich« bearbeiteten. Eine strikte Arbeitsteilung nach Arbeitsschritten hat sich erst spät und zögernd durchgesetzt. Im Hintergebirge haben sich beide »Organisationstechniken« parallel gehalten, erzählt ein Holzknecht: »Wie wir gearbeitet haben, die Einheimischen, wir haben zwei Mann miteinander gearbeitet, die zwei und die zwei. Wir haben den Baum umgeschnitten und gleich geastet, geputzt, geschärft – die Rinde weg – dann durchgeschnitten, auf vier Meter oder sechs Meter Länge. Und bei den ›Tirolern‹ (Anm.: ›Tiroler‹ waren ›Gastarbei-ter‹ im Hintergebirge) haben wir wieder anders gearbeitet: Das geht recht auf's Treiben, auf die Leistung! Das war Fließbandarbeit. Wir zwei tun nur umschneiden, wir haben Hacke und Säge, dann sind gleich die Spatzer gekommen, die haben nur eine Hacke gehabt und haben die Äste heruntergehackt. Dann sind die Putzer gekommen, die haben einen Sappel und eine breite Hacke gehabt, die haben das Bloch sauber geputzt. Vorher sind die Durchschneider gekommen, die haben die Bloch auf d'Länge geschnitten. Hinter den Putzern sind die Schärfer gewesen – und hinter den Schärfern sind schon wieder wir gewesen! Jetzt hat's g'heißen: ›Schau, daß du fort-

kommst, wir schneiden dir die Fichte auf deinen Buckel!‹ Das geht auf d'Leistung, daß du treibst, treibst... Am wenigsten gefährlich war es, wie wir Einheimischen gearbeitet haben. Bei den ›Tirolern‹ ist es immer gefährlich gewesen. Aber eine Leistung hast herausgebracht.«

Man kann sich gut vorstellen, daß eine solche Arbeit kräftigen Essens bedurfte. Viel Abwechslung gab es dabei nicht: Mehl, Grieß, Fett, Geselchtes, Brot und Malzkaffee, das waren die Grundnahrungsmittel, je nach Jahreszeit, den wirtschaftlichen Verhältnissen und dem Fassungsvermögen des Rucksacks gab es dazu

Zucker, Kuchen, Eier und – je nach Schützenglück – Frischfleisch aus dem Walde.

Eine typische Holzknechtspeise waren die »Raunken«, ihre Zubereitung war einfach: Weizenmehl wurde mit Wasser zu einem Teig abgeschlagen. Mit dem »Muasa« (Bratkelle) wurden Nocken herausgestochen und im heißen Fett (am besten Butterschmalz) goldbraun gebraten. Dabei steckte man die Pfanne in einen hölzernen Halter (»Gock«) über das offene Feuer. Jeder Holzknecht war sein eigener Küchenchef, Variationen mit Rahm, Eiern oder »Bratlfettn« verfeinerten das Gericht erheblich.

Wenn es Sommer war, hell, trocken und mild vor der Hütte, dann wurde auch leidenschaftlich für das allwöchige Sonntagsvergnügen trainiert: Das Raufen gewann nahezu rituellen Charakter und war ein fast fixer Bestandteil beim Wirtshausbesuch. Gerauft wurde zumeist aus nichtigen Gründen, war ein Grund vorhanden, dann war es ein Liebesstreit oder eine politische Auseinandersetzung zwischen »Schwarz«, »Rot« oder »Braun«.

Ab und zu, wenn es Wetter und Wegstrecke erlaubten, wurden auch gerne Almen und deren weibliches Personal auf- und heimgesucht. Daß es im Hintergebirge keinen Holzknecht gab, der nicht auch wilderte, war eine Binsenweisheit. Ganz so hoch dürfte allerdings die Wildererdichte nun doch wieder nicht gewesen sein.

Das Holzknechtleben im Hintergebirge war weder eine einsame Waldidylle mit »harter aber rechtschaffener Arbeit in frischer, würziger Luft, alleweil lustig und fidel«, immer Hüttengaudi und starken Männerabenteuern mit Gemsen, Rehböcken und Sennerinnen, noch war es ein allzeit lustloses Dahinvegetieren in grenzenloser Ausbeutung. Weder noch – oder beides gleichzeitig. Auf den Blickwinkel kommt es an.

»Na, da sind wir lauter kräftige Kampeln beieinander gewesen.« (ein ehemaliger Holzknecht)

Auf der roten
Erd 1922

»Bei den Raunken, das war so«, verweist ein ehemaliger Hüttenkoch auf das Originalrezept, »da hat man keine Germ und kein Backpulver gebraucht, nur durch die Hitze hat es die Nocken in die Höhe gehoben. Bei den Raunken, wenn man die Pfanne ganz nieder zum Feuer gehängt hat, daß das Schmalz vor Hitze schön blau war, da hat es den Teig richtig aufgehoben. Geschwind, für einen Moment. Und nachher, wenn er in der

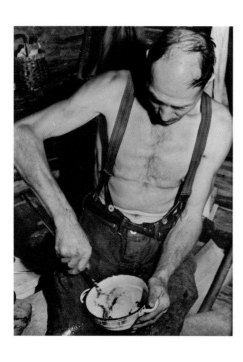

Höhe war, hat man die Pfanne höher hinaufgesteckt, daß sie langsam braten. Daß sie nicht inwendig teigig sind, und auswendig ist alles schwarz...«.

Und nach dem Abendessen? – »Da haben wir abgewaschen, dann sind wir beisammengesessen und haben gebastelt, geschnitzt: Der eine hat einen Korb gemacht, der andere Kochlöffel. Das haben uns die alten Vorarbeiter gezeigt, wie das geht... Sprudeln für die Frau daheim... die Mutter hat eh immer viele große Kochlöffel gebraucht, für uns Buben!«

Gregor Goldbacher

In da Lanfthüttn[1]

Hiatz geht da Hans ernstli
Dös Kochen schon an:
Nimmt a hülzanö Schüssel
Mit an Griff hinten dran.

Packt's Legel mit Wassa,
Van Trüchal a Mehl;
Patzt z'samm mit'n Löffel
Dös Toagel frei schnell.

Kendt'an a gachs Foia,
Stöllt ön Kochgack[2] obn draf,
Und soidt in sein Pfandl
Dö Nocka frisch af.

Rührt's af mit'n Muasa[3] –
Und weil's 'n a weng draht,
Hat a glei a hübsch's Noagl
In's Foia einglart.

Da Aschn floigt uma –
Treibt gach ins davon.
Da Hans moant: »Dös macht nix«
Und geht's wieda an.

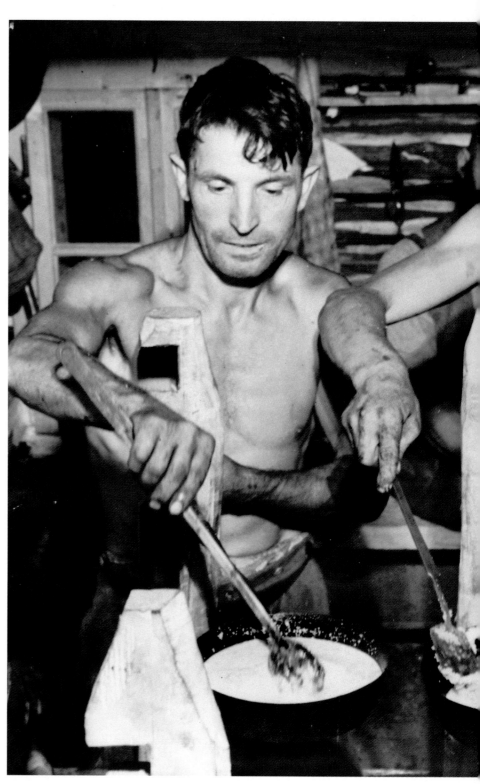

Dö Spatzen sand gsoden,
Hiatz seicht a den Schmaus –
Und weil's ön Hans draht, seicht
A d'Nockn mit aus.

Dö übabliebn sand noh,
Dö kemmen ins's Schmalz.
Aus an leinwandan Sackl,
Da nimmt da Hans 's Salz.

Sans salzen und gschmalzen,
Wern's lusti vazöhrt,
An iads nimmt dö Finga
Und sitzt af da Erd.

Potz Duna, dö schmöckan
Und wern ins schiar z'weng.
San bössa wia a Tafel
Mit ötla zwanz'g Gäng.

1 Lanft = Rinde; Holzknechthütte, mit Rinde gedeckt. Diese wurden nahe dem Schlag gebaut und dienten als provisorische Sommerunterkünfte.
2 Gack oder Gock = Holzständer nahe dem offenen Herd, der als Pfannenhalter diente; mit Kerben regelte man die Höheneinstellung.
3 Bratkelle, besonders fürs Muasrühren verwendet, daher der Name.

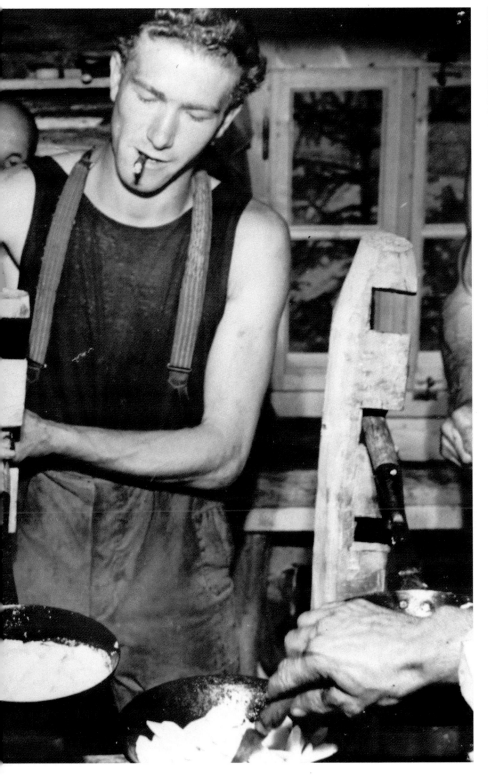

Noch einmal gewendet mit dem »Muasa« und die »Raunken« sind fertig. Eine historische Aufnahme in einer Original-Holzknechthütte. Gut ersichtlich der offene, mit Lehmziegeln ausgekleidete Herd und am Rande die Pfannenhalter (»Gocken«).

Gregor Goldbacher

In der Rindenhütte[1]

Jetzt geht der Hans ernstlich
das Kochen an:
Er nimmt eine hölzerne Schüssel,
sie hat einen Griff hinten dran.

Ein Kochlöffel voll Wasser,
Mehl aus der Truhe,
schnell rührt er
mit einem Löffel den Teig.

Er facht ein loderndes Feuer an,
stellt den Kochgack[2] auf den Herd,
und siedet die Nocken in seiner
Pfanne.

Er rührt sie mit dem Muasa[3] auf,
und weil es ihn ein wenig dreht,
hat er gleich einen großen Patzen
Nockenteig ins Feuer hineinge-
leert.

Die Asche fliegt umher –
schnell treibt sie uns davon.
Der Hans meint: »Das macht
nichts«
und geht's wieder an.

Die Spatzen sind gesotten,
nun seiht er sie aus,
und weil es den Hans dreht,
seiht er die Nocken mit aus.

Die Übriggebliebenen
kommen ins Schmalz,
aus einem Leinensack
nimmt der Hans das Salz.

Wenn sie gesalzen und geschmal-
zen sind,
werden sie lustig verzehrt.
Jeder verwendet die Finger
und sitzt auf dem Boden.

Potzdonner, wie die schmecken,
die werden uns schier zuwenig.
Die sind besser als eine Tafel
mit mehreren zwanzig Gängen.

1,2,3: Erklärungen siehe Seite 93.

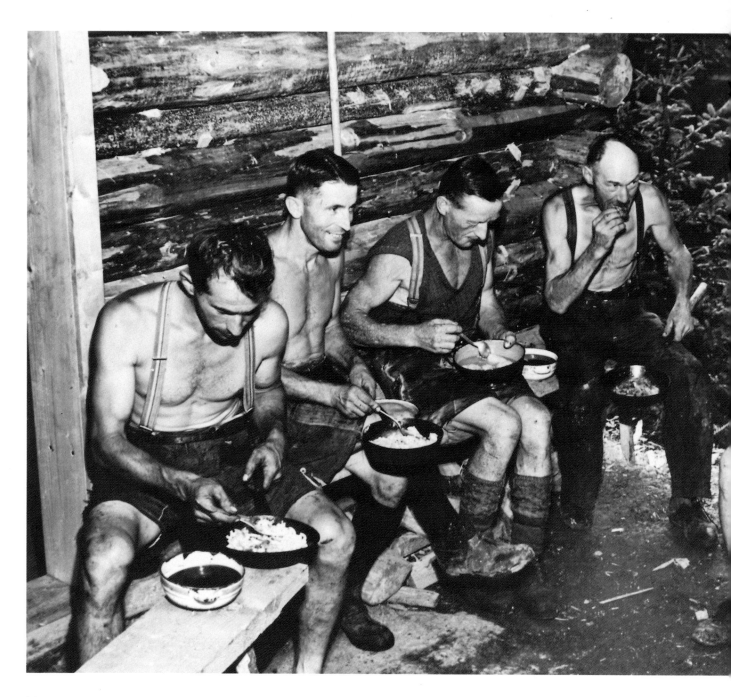

»... und im Boden haben wir ein
›Grass‹ (Reisig) drinnen gehabt
oder ein Stroh ... und da sind wir
gelegen, nebeneinander. Als wie
die Sardinen, her nacheinander
sind wir gelegen. Zwanzig Mann
waren wir da in der ›Bockarat‹, in
der Pritsche.«
(ein ehemaliger Holzknecht)

Eine typische Holzknechtspeise
waren die »Raunken«: Weizenmehl
wurde mit Wasser zu einem Teig
abgeschlagen. Mit dem »Muasa«
(Bratkelle) wurden Nocken
herausgestochen und im heißen Fett
goldbraun gebraten. Variationen mit
Rahm, Eiern oder »Bratlfettn«
verfeinerten das Gericht erheblich.

»Das war ka Holzknecht nit, der wos net gwildert hat.«

»Mir ist sie hart ankumman, die Arbeit!«: Ein 83jähriger erzählt von seinem Berufseinstieg als elfjähriger Bub

»Wenn ich Ihnen das erzähle, das glauben'S ja gar nicht: Ich bin 1908 geboren, und im 19er-Jahr hab ich schon bei den Holzknecht gearbeitet. Im 20er-Jahr bin ich rechtschaffen zu den Holzknecht gegangen. Da hab ich die Schulstraf gezahlt. Alle Monat einen Gulden. Ich bin bei den Holzknechten gewesen und hätte noch in die Schule müssen. Ich bin arbeiten gegangen, weil es mich

'trieben hat dazu. Mein Vater hat dies Haus da gekauft. Und früher hat es ja keine Krankenkassa nicht gegeben, wie die Dambergerlade. Die Dambergerlade haben drei Holzknecht gehütet, das ist so eine Selbsthilfe gewesen, da hat jeder im Monat einen gewissen Betrag eingezahlt, und wenn er krank gewesen ist, dann hat er etwas herausbekommen. Und mein Papa, der hat auch beim Forst gearbei-

Michael Wartecker, ehemaliger Holzknecht: »Gamsbluat mocht stoark und erhält die Jugend.«

Lebensweisheit. Leib und Seele und Gedanken gehörig gegerbt vom Leben.

»Arbeiten sollt' man,
wie wenn man ewig lebert,
und leben sollt' man,
wie wenn man morgen sterbert!«
(Ferdinand Gollner)

tet, und früher haben sie ja ganz schlecht gezahlt beim Forst... im 19er-Jahr, wie die Arbeit beim Forst losgegangen ist, da sind die Jungen alle davongegangen und privat arbeiten gegangen. Da haben sie in Johnsbach, in der Steiermark drinnen, gearbeitet. Und der Private hat ihnen eine Krankenkasse abgezogen, die hat aber gar nicht existiert. Und da hat sich mein Vater in den Fuß gehackt, da in das Knie hinein... jetzt geht er zum Arzt... zur Krankenkassa... ja verdammt, die Krankenkassa existiert ja gar nicht! Und er hat eine Blutvergiftung bekommen, ist ein volles Jahr im Spital draußen gelegen und wir haben die ganzen Spitalskosten selbst zahlen müssen, und bei der Keuschen einen dreiviertel Teil schuldig! Ich bin so ein Bub gewesen mit elf Jahren, jetzt bin ich nicht mehr in die Schule gegangen, sondern arbeiten. Da hab ich beim Baron ein Jahr gearbeitet... beim Almgut... Baron Wolf Seckauer, der ist von Böhmen... Sudetenländer... und der Jäger, der Verwalter hat gewußt, daß ich in die Schule gehen muß — der hat ja nicht viel gezahlt. Jetzt bin ich da wieder weg, bin zu den Holzknecht gegangen. Aber mir ist sie hart ankumman, die Arbeit! Dort hab ich schon verdient, weil sie daheim das Geld gebraucht haben.«

Früher noch Handarbeit: Verladung
auf LKW-Anhänger.

»Dann bist ein armer Kerl gewesen!«: Arbeitsunfälle im Hintergebirge – ein ehemaliger Holzknecht berichtet

»Aber ein armer Teufel bist gewesen, wenn du dir weh getan hast, wenns dich malheurt hat, bei der Arbeit. So weit drinnen... Da haben wir ihn dann heimgetragen von drinnen. Da weiß ich... im Winter einmal... bei den Tirolern[1]... da haben wir von sechs bis sechs gearbeitet, um fünf Uhr war es schon mauerfinster... und da haben wir geholzt... Holz geliefert... und wir waren am Haufen, niederrichten... und bei der ›Ries‹, beim ›Ries‹-Ausgang, da ist immer einer gestanden, und der hat, wenn der Baum gekommen ist...

gebunden haben... jetzt geht's da so gach hinein... ein tiefer Graben gewesen... da geht es tief hinunter... jetzt ist er von der Trage hinausgefallen, ist über Kopf in den Graben hinuntergerollt... im Schnee, da war viel Schnee... und der gejammert... jetzt hat einer einen Hosenträger gehabt... dem haben wir den Hosenträger heruntergenommen... jetzt haben wir einen Riemen gehabt, und mit dem haben wir ihn dann niedergebunden. Und wie wir da hinausgehen, ist uns immer die Hose heruntergefallen, weil sie nicht gehalten hat. Die Hose voll mit Schnee (er lacht)... und da sind wir die ganze Nacht gegangen... ja mein, was du da alles mitmachst, das sag ich dir. Wennst dir wehgetan hast, dann bist ein armer Kerl gewesen. Im Bodinggraben drüben hab ich mir einmal mit der Hacke ins Knie hineingehackt. Kein Verbandszeug, nichts bei uns gehabt. Ich und der Gollner Ferdl, da sind wir alle 14 Tage heimgegangen, jetzt hast die dreckige Wäsche, ein mords[3] Rucksack... gleich in der Früh hab ich mir da ins Knie hineingehackt... hat gar nicht geblutet... und wenn ich den Fuß abgebogen hab, dann ist das Blut herausgespritzt... da mußten wir nach Hause gehen. Aber vom Bodinggraben bis daher darfst du wohl sieben, acht Stunden gehen! Ja, jetzt gehen wir heraus da zu Steyern (Steyrling), in der Ebene, auf der Straße, da tut gar nichts weh. Und wie wir zum Sandbauern gekommen sind, auf einmal tut das schon so weh, es brennt so arg... hab ich mir ein Tücherl umgebunden... jetzt mach ich das auf, da hat es schön herausgeraucht von der Wunde... das Wasser ist herausgefahren... Jetzt müssen wir aber bergauf. Mein lieber Freund, dort hab ich mir schon ordentlich wehgetan. Von einem Baum zum anderen hab ich mich gehalten, wieder und wieder. Und wie wir auf der Höhe droben waren, hab ich mich niedergesetzt, und dann hab ich keinen Schritt mehr gehen mögen. Der

der kommt ja mit einer Wucht... hat der geschrien, daß ein Baum kommt. Und wir sind am Haufen gewesen, finster war's und gschnieben[2] hat's – und der hat das Bloch übersehen, und das Bloch kommt da mit einer Wucht daher... haut ihm auf die Brust, und es hat ihn über den ganzen Holzhaufen hinuntergehaut... da hat es ihm die ganzen Rippen eingedrückt... und da haben wir ihn herausgeräumt vom Schnee... er hat Blut gespuckt und fürchterlich gejammert... schnell, schnell –

wir haben ein paar Meter Schnee gehabt – hinauf auf die Trage und fort damit. Und wir haben vergessen, daß wir ihn auf der Trage niedergebunden haben, daß er nicht herausfällt... und um halb Sieben auf d'Nacht sind wir am Ebenforst oben fort, und um halb Vier in der Früh sind wir zum Krothenberg hinübergekommen. Jetzt sind wir gegangen, unser sechs Mann, die anderen haben vorne Schnee geschert, und unser zwei haben getragen... im Kollersgraben... wir sollten den auf die Trage hinauf-

Fuß ist so steif gewesen, ich hab ihn nicht abbiegen mögen. Du kannst den Gollner Ferdl noch fragen. Jetzt hat der Ferdl... sag ich, ›schneid Stauden ab, Reisig... da sitz ich mich hinauf und ziehst du mich hinunter in den Graben.‹ – ›Ah‹, sagt der Gollner, ›ich trag dich am Buckel.‹ Sag ich, ›jetzt gehen wir da hinunter, und dich reißt's nach vorne und du haust mich da hinunter.‹ – ›Ich paß eh auf, paß eh auf‹, hat er gesagt. Und... sitz ich oben, gehen wir da sieben, acht Schritte... auf einmal hat's ihm die Läuf hinausgerissen und haut mich da hinunter. Und schön auf den steifen Fuß, den hat's mir da... das hat weh getan, mein Lieber... der Gollner, dem hat's noch mehr weh getan... dann hat er mich hinuntergezogen, wie eine hiniche[4] Rehgeiß, hat mich hinauf auf einen Ast, auf Reisig, hat er mich hinaufsitzen lassen... hat er mich hinuntergezogen in den Graben... und im Graben, da ist eine Ries hinausgegangen, da hab ich mich auf den Ferdl hinaufgehängt, und den hinichen Fuß hab ich hinaushängen lassen... heraußen bin ich sitzengeblieben, er ist um ein Rollwagerl[5] gegangen hinaus in den Dürnbach und ist mit einem Rollwagerl auf der Waldbahn hineingefahren, und dann hat er mich herausgeführt, dann sind wir da heraufgeholpert... zu Fuß. Am nächsten Tag ist dann der Doktor gekommen, hat mir einen eisernen Schuh gegeben bis herauf da zum Arsch, da bin ich eine Weile daheimgeblieben...

Drei Unfälle hab ich gehabt in den 48 Arbeitsjahren. Da hat mich einer mit dem Sappel gehaut, sehen'S eh, da (er deutet auf den Kopf)... statt, daß er das Bloch angehaut hat, hat er mich am Schädel derwischt. Bei den Tirolern, da ist's ja dahingegangen. Die war'n im Hintergebirge so eine Partie, die haben ja gut verdient bei uns. Da haben wir Holzwänd gebaut, zum Holzfangen. Und der letzte Bloch, wie wir ihn hinaufheben, ist er entabei[6] hinuntergeflogen. Ja, den müssen wir holen! Und wir

springen die Wänd hinüber, und die anderen sind auf die Wänd oben. Der schreit an zum Aufheben, und wir haben eingeschossen,[7] und derweil springt noch einer hinauf auf d'Wänd, haut auf das Bloch, und statt, daß er das Bloch anhaut, haut er mir den Sappel da auf den Schädel hinauf. Mein Lieber, da bin ich niedergegangen! Ah, sofort hab ich geblutet, ein Blutstock. Da hab ich bereits nicht gehen können, die linke Hand und der linke Fuß sind ganz tot gewesen, als wie wenn sie eingeschlafen wären. Da hab ich überhaupt kein Gefühl gehabt.

Na, jetzt steh ich auf, blute, jetzt das Gehen, das Prellen, mein lieber Freund, hat das weh getan. Zwischen Knochen und Hirnhaut ist der Sappelspitz hineingegangen. Oberbei hat er mir nur den Schädel eingehaut. Jetzt ist einer mitgegangen, wie wir in die Hütte gekommen sind, kommt ein Tiroler, sagt er: ›Michl, schaun ma amol, wos isch denn los?‹ Hat er da d'Haar in die Höhe gezogen, mit dem Taschenfeitl hat der d'Haar weggeschnitten, daß er's sieht, wie's ausschaut... mei da... Ich hab geblutet, meiner Seel! Ich hab einen ganzen Blutstock gehabt,

da. Und jetzt geht er mit, der Meister hat gesagt, er soll mit mir gehen, wenn mir schlecht wird oder was... der redt und schwanert[8] und redt und und... mir hat der Schädel burrt.[9] Sagt er: ›Michl, muaß i mitgeh, geh'st alloa?‹ – ›Ja, i geh alloa hoam!‹ Ist er heimgegangen, ich bin allein herunter. Nach dem Mieseck, beim Talgehen, da hat's wieder zum Bluten angefangen, ah da hab ich geblutet, und einen jeden Tritt habe ich gefürchtet... denk ich mir, verdammt wenn mir jetzt schlecht wird, kommt keiner mehr... bis daß mich der Fuchs holt.«

Anmerkungen:

1 Tiroler, »Gastarbeiter« im Hintergebirge
2 geschneit
3 sehr schwerer
4 tote
5 Bahnwagerl (auf dem Waldbahngeleise)
6 auf der anderen Seite
7 den Sappel unter das Bloch geben, um
   per Hebelwirkung aufzuheben
8 Unsinn erzählen
9 gebrummt

»Frisch außa, wias drin is, nit kriach'n am Bauch...«

»Die Klaus geht!«:
Holzbringung im Wandel der Zeiten

Über Jahrhunderte hindurch war die Trift das einzige Mittel, das Holz aus den Gräben des Hintergebirges zu bringen. Nicht weniger als 17 Klausen sorgten dafür, daß das Hintergebirge das wohl am besten ausgebaute Triftgebiet Österreichs war.

Die »Große Klause«, das Herzstück dieses ausgeklügelten Systems, wurde 1604 als »Mitterwendt Claus« erstmals urkundlich erwähnt. Es ist jedoch sehr wahrscheinlich, daß schon seit dem 14. Jahrhundert getriftet wurde. Eine einigermaßen rationelle Forstwirtschaft war für das Metallgewerbe von lebenswichtiger Bedeutung, da die Schmelzöfen bis Ende des 19. Jahrhunderts mit Holzkohle beheizt wurden.

Wer aufmerksam die Gräben und Schluchten verfolgt, der kann die oftmals nur spärlichen Überreste der Triftanlagen ausmachen: im Jörglgraben, am Schwarzen Bach vor Weißwasser, im Zorngraben, im Sitzenbach.

Das Prinzip der Trifttechnik war trotz verschiedener Klausanlagen stets das gleiche: Die im Klaussee (»Klaushof«) schwimmenden Holzbloch wurden durch ein Tor oder durch einen extra angelegten Holzkanal in den vor den Klauskasten befindlichen ›Klaustümpel‹ gezogen. Dabei mußte darauf geachtet werden, daß sich die Stämme vor der Klause nicht zu

Die Sitzenbachklause kurz nach dem
Schlagen der Klaustore.

hoch auftürmten, da sie sich beim
ersten Wasserschwall sofort ver-
keilt hätten. War schon genug
triftbereites Holz vor der Klause
oder auch weiter unten im Graben, so wurden die Klaustore geöffnet. Dies geschah durch einen
kräftigen Schlag auf den Holzbol-
zen (»Dorn«), der das Tor verrie-
gelte – die Klaus »ging«!

Die Klausen südlich der »Großen Klause« wurden – je nach
Holzanfall – mehrmals im Jahr ge-

schlagen. Eine fein durchdachte
Organisation, heute würden wir
dazu »Wasserfracht-Manage-
ment« sagen, stimmte den Zeit-
punkt und die Menge der jeweili-
gen »Triftwasser« genauestens
aufeinander ab. In den Seitengräben vor der Großen Klause wurde
das Holz ebenfalls bis zum Reichramingbach geschwemmt und
dort im »Bachpfoad« für den Weitertransport gestapelt.

Einige zigtausend Festmeter
Fichtenbloch mußten dann vom
großen Schallauer Rechen aufgehalten werden. Ein anschließender
Schwemmkanal transportierte das
Holz weiter ins Ortszentrum, wo es
weiterverarbeitet oder verladen
wurde.

Das nach dem Klauswasser am
Ufer hängengebliebene Holz
mußte wieder ins Bachbett zu-
rückgezogen werden. Am Reichramingbach war diese Arbeit eine
»kommode« Angelegenheit, weiter drinnen in den engen Schluchten, oder dort, wo man wegen des
geringen Angebots Wasser sparen
mußte, war dies ein richtiger
»Tschoch«, wie ein alter Holzknecht berichtet: »Im Bodinggraben, da ist das Holz herbeigeholzt
worden zum Bach, da ist es sortiert
worden, das Schleifholz separat,
das Blochholz separat, die schönen
Bloch – das ist alles sortiert worden... und beim Klausen, ah das
ist aber ein Tschoch gewesen, im
Februar, März, April, beim
Schneewasser ist das ganze
Schleifholz in den Bach hineinge-
kommen, das ist schon so herge-
zäunt (herbeigezogen) worden,
daß alles hineinrollt, und nachher
haben wir alles mitgenommen,
was nicht hinausgeschwemmt
wurde... da sind wir den ganzen
Tag im Bach drinnengestanden,
bis zum Bauch... im Februar! Da
ist kein Holz, kein Prügerl hinten-
geblieben. Da ist gleich alles mitgenommen worden, mit dem Flez-
hagl, das war eine Stange, und
vorne ein Spitz und ein Hagel dran
– und mit dem hat man das Holz
überall herbeigezogen... Ein Paar
luckerte Schuhe haben wir ange-

habt dabei und Schuhfetzen, Sok-
ken hat es ja keine gegeben. Und
wenn du einen guten Schuh gehabt hast, der ist hin gewesen bis
auf d'Nacht, den hat es aufgeris-
sen, weil das Wasser arbeitet ja,
furchtbar kalt war's!«

Nicht immer verlief die Ent-
flechtung der »Knöpf«, so nannten
die Holzknecht die unangeneh-
men und gefährlichen Holzver-
klausungen beim Triften in den
Schluchten, so glimpflich: »Da
sind die Holzknecht oben gestanden, auf den Felsen... und da, wo
es recht angesetzt hat, das Holz –
haben sie mit den Flezhageln mitgeholfen... und auf einmal ist der
Haufen gehert worden (hat sich
gelöst), und da stehen zwei Brüder
oben, da hat sich ein Bloch aufgestellt, hat die zwei z'sammenge-
bauscht, heruntergehaut... den
einen haben sie erwischt, mit dem
Flezhagel noch beim Gwandl, den
zweiten hat es gleich hineinge-
draht – und heraußen, beim
Ameissteg, hat es einen Haufen
hingedraht, dort hat es ihn dann
hineingewutzelt... da ist er nur so
ein Fleischfutzel gewesen, wie es
ihn da zuwigwutzelt hat. Da haben
sie ihn dann, später einmal, nach
dem Klauswasser, gefunden. Da
ist er dabeigelegen, der Rauch-
grabner-Hans!«

Meist war es ein weiter Weg, bis
das Holz endlich im Bach war. Dabei wurden die entasteten und
entrindeten Stämme mittels »Riesen«, das waren mächtige, aus
Holzstämmen gezimmerte Holz-
rinnen, gefördert. Diese Holzkon-
struktionen waren nicht selten
mehrere hundert Meter lang.
Diese gewagten, oft in steilem Gelände und über felsigen Schluchten schwebenden, von eigenen
Zimmerern ohne moderne Ver-
messungsgeräte geplanten Bauten
errichteten die Holzknechte mit
einer für heutige Verhältnisse ungeheuren Geschicklichkeit und
Waghalsigkeit.

Für den Bau einer Riese wurde
eine große Menge bestes Fichtenholz verwendet – dafür ging schon
ein ganzer Schlag drauf. Rech-

net man noch den hohen Arbeitsaufwand hinzu, so entstanden doch enorme Errichtungskosten. Da mußten schon mehrere tausend Festmeter Bloch hinunterrutschen, daß sich der Bau auszahlte. Dieser ökonomische Druck zwang zu Großkahlschlägen und zur Konzentration von verwertbarem Holz – zu jener Zeit wieder ein Argument mehr für die Anpflanzung von Fichtenmonokulturen.

Neben diesen Holzriesen wurden auch Seilbahnen (die 11 km lange Materialseilbahn von Weißwasser bis Kleinreifling war angeblich die längste Mitteleuropas!), Pferde, Schlitten, Bahnwagerl (z. B. am Zöbelboden) und Erdriesen (z. B. im Wilden Graben) für die Holzbringung eingesetzt.

Die Trift war sicher die billigste Methode, Holz aus entlegenen Gebieten herbeizuschaffen. Sie hatte jedoch auch gewichtige Nachteile: Die Stämme kamen erbärmlich zerschunden am Rechen

an – gut genug für Kohlenmeiler und Öfen, als Bau- oder Möbelholz waren sie nicht verwendbar. Und im Zuge der Umstellung in der Eisenindustrie auf mineralische Kohle ging die Nachfrage an Schleifholz stark zurück, hochwertige Bloche für Zimmerer und Tischler waren gefragt. Gleichzeitig mußten schlecht triftbare Hartholzarten, wie die Buche, von der Bewirtschaftung nahezu ausgespart werden, so daß ein großes Forstpotential brachlag bzw. Fichtenkulturen derart gefördert wurden, daß ökologische Katastrophen vorprogrammiert waren.

Mitten in den Wirren des Ersten Weltkrieges legte ein Wintersturm weite Forstflächen um, die Unmengen an Schadholz konnten wegen des akuten Arbeitskräftemangels nicht rechtzeitig aufgearbeitet werden. Der Borkenkäfer konnte somit ungehemmt zuschlagen: Rund um die Anlaufalm und im Brunnbach kam es zu großflä-

Klausse im Wildengraben

Klausbau im Jörgelgraben.

chigem Befall. So mündete ein mittelmäßiger Sturmschaden in eine gewaltige Naturkatastrophe, deren Ursprung in einer fehlgeleiteten Forstwirtschaft zu finden ist.

Die Kapazität der Klausen ließ bei weitem nicht den raschen Transport von einer Million Festmeter Holz zu, so daß sich die Forstverwaltung entschloß, auf schon in der Schublade liegende Pläne zur Errichtung einer Waldbahn zurückzugreifen. Ab 1920 wurde in Tag- und Nachtschichten das Holz aus dem Brunnbach nach Reichraming transportiert, zuerst in die Schallau, ab 1922 bis zum Bahnhof.

Noch vor dem Zweiten Weltkrieg wurde die Trift endgültig eingestellt und eine Bahnanlage in Richtung Große Klause konzipiert. Jedoch erst 1947 konnte so richtig mit dem Waldbahnbau in den Zentralbereich des Hintergebirges begonnen werden. 1957 wurde die letzte Ausbaustufe abgeschlossen: Die Bahn erreichte eine Gesamtlänge von nahezu 41 km, die in schwerer Handarbeit errichteten Tunnels maßen eine Länge von insgesamt 2 km.

Die Waldbahn erleichterte – objektiv gesehen – die Arbeitssituation der Holzknechte: Sie hatten nun ein Transportmittel zum Arbeitsplatz, sie konnten nun in späterer Folge öfter nach Hause fahren. Ein menschenverachtendes Kuriosum am Rande: »Am Anfang haben wir Holzknecht mit der Waldbahn nicht mitfahren dürfen, weil die Bundesforste für uns keine Versicherung gezahlt haben, die war nur für den Holztransport zugelassen... und da sind wir mit dem schweren Rucksack, mit dem Proviant, mit dem Werkzeug neben den Schienen hineingegangen. Das ist tatsächlich wahr!«, ärgert sich jetzt noch ein damals Betroffener.

Klausen in Seitengräben. Das Holz wurde vom dahinterliegenden See in den »Klaustümpel« befördert.

Triftholz im Klaushof (Große Klause).

Doch die Waldbahn blieb eine kurze Episode, der allerdings noch heute nachgetrauert wird. Jeder, der das Glück hatte, mit ihr das Hintergebirge zu erleben, der weiß um diese Trauer. Kostenrechner und Forstingenieure standen abseits aller Wehmut und bestimmten das Ende dieser letzten Waldbahn Österreichs. Ab 1971 veranstalteten die Bundesforste eine Barbarei ungeahnten und noch bis jetzt unbegreiflichen Ausmaßes. Innerhalb eines Jahrzehnts wurden Hunderte Kilometer Forststraßen in Gräben und Schluchten gesprengt. Augen- und Tatzeugen berichten, daß aus Gründen der Einsparung von teuren Baggerstunden die Trassen mit einer Unmenge von Donarit regelrecht freigeschossen wurden. Danach sah es in der Landschaft wie nach einem Bombenangriff aus – kollernde Felsen und Schutt verwüsteten die steilen Abhänge, und selbst an den Gegenhängen wurden riesige Baumbestände kahlgeschossen. Wunden in der Landschaft, die langsam oder nie mehr wieder heilen.

Nach diesem Gemetzel haben sich nur mehr wenige unberührte Inseln erhalten (siehe Grafiken Seite 140/141). Auch wenn die Hangrutschungen wieder zuwachsen, die oberseitigen Felsen schön langsam vergilben und die Anbrüche sich stabilisieren – die Zerschneidung der Lebensräume sensibler und vom Aussterben bedrohter Tierarten läßt sich kaum mehr rückgängig machen.

Rechts: Der Schallauer Rechen nach der Trift. Pilotenreste im Bachbett zeugen heute noch von seinem Lauf.

Tausende Festmeter Holzbloch
mußten vom großen Schallauer
Rechen aufgehalten werden. Ein
anschließender Schwemmkanal
transportierte das Holz weiter ins
Ortszentrum, wo es weiterverarbeitet
oder verladen wurde.

Rechts: Die Sitzenbachklause heute.

Rechts: Die Zornbachgrabenklause heute.

Links: Sitzenbachklause in den dreißiger Jahren. Sie war die größte Holzkastenklause im Hintergebirge. Im Hintergrund große Kahlflächen, die bis heute – wegen der Steilheit des Geländes – nur schütter verwachsen sind.

Oben links und Mitte: Holzknechte
beim Riesenbau in schwindelnder
Höhe. Unmengen bestes Fichtenholz
wurde hiefür verwendet. Die »Riesen«
waren oft mehrere hundert Meter lang.

»... und bei der ›Ries‹, beim ›Ries‹-
Ausgang, da ist immer einer
gestanden, und der hat, wenn der
Baum gekommen ist ... der
kommt ja mit einer Wucht ... hat
der geschrien, daß ein Baum
kommt ... und der hat das Bloch
übersehen, und das Bloch kommt
da mit einer Wucht daher ... haut
ihm auf die Brust ... da hat es ihm
die ganzen Rippen eingedrückt ...«
(ein ehemaliger Holzknecht)

Vom Holzen mit der »Riesen«

Drei Holzknecht bei da Ankehr[1]
obn,
Dö schickan d'Bloch af d'Roas.[2]
Vier stehngan nah da Ries va-
toalt,[3]
Denn 's Riesholzn is koa Gspoaß.[4]

A Viertelstund weit ausanand
Stehngan 'd Holzknecht auf da
Wacht
Und passen auf, ob nöt a Bloch
Aus da Ries an Hupfa macht.

Aft[5] schreit da oan: »Hab auf, hab
auf!«[6]
Da anda: »Zui, danah!«[7]
Schon manchen hat 's da 's Löbn
schon kost'
Bei da Riesn unt ban Bah![8]

In Klaushof[9] schiaßen d'Bloch all
z'samm
Mit wilda lauta Kraft.
Bis daß, wann's klausen aft da Bah
Ins große Wassa schafft.

(Aus Gregor Goldbacher, Holz-
knechtlöbn. 1894)

1 Ankehr = Holzlagerplatz am Beginn der
Riese
2 auf d'Roas = auf die Reise
3 vatoalt = verteilt
4 Gspoaß = Spaß
5 aft = dann
6 Hab auf! = Paß auf!
7 Zui, danah! - Los geht's!
8 ban Bah = beim Bach
9 Klaushof = Stauraum vor der Klause

Ein gewaltiger Holzlagerplatz am Fuß
einer »Riese«. Hier warten die Bloch
auf ihren Weitertransport per Trift
oder per Waldbahn.

Abtransport der Holzbloch mit Bahnwagerl. Riesige Kahlschläge waren die Folge der exzessiven Monokulturbewirtschaftung und des daraus resultierenden weitflächigen Borkenkäferbefalls.

Ganz oben links und rechts:
Gruppenbild mit Lokomotive.

Ganz oben Mitte: Ins zentrale
Hintergebirge wurde schon mit
modernen Dieselloks gefahren. Diese
standen noch bis in die späten
sechziger Jahre im Dienst.

Oben: Waldbahnlok am Reichramiger
Bahnhof.

Links: Hintergebirge 1921: Die
Dampflokomotive »Brunnbach« im
Einsatz.

Der Wirt vom Brunnbach:
Ein gastronomisches Fossil aus wilden Zeiten

Keuchen und Schweißperlen. Die Nachmittagssonne drückt. Wie eine Fata Morgana wird von Kennern so zwischen Keixen und Hochkogel ihre Existenz das erste Mal angedeutet: die »Schlangenbar«. Die Einheimischen nennen sie so, entweder ob ihres Standortes im wilden Dschungel von Brunnbach oder ob ihrer nicht minder abenteuerlichen »sanitären Anlagen« – oder einfach, weil der Reiz des Exotischen eben ein besonderer ist. Der Name zeigt seine Wirkung: Er zieht an oder stößt ab – im Verein mit dem großen Wandersdurst tut er beides, die Einkehr ist sicher.

7 km südlich von Großraming. Die letzte Ortschaft vor dem weiten Hintergebirge, der Brunnbach. Ein kleines Kircherl thront auf sanftem Hügel, es gibt ein paar Förster- und Jägerhäuser im unverkennbaren, hölzernen Voralpenlook, eine Handvoll Standardhäuschen im Stil der Sechziger, Bauernhäuser und den »Staunitz«, das Wirtshaus. Ein gastronomisches Fossil aus wilden Holzknechtzeiten, wo gestandene Männer mit aufgekrempelten Ärmeln das Faustrecht exekutierten.

Die großen Wirtshausraufereien der Roaring Twentees sind Legende. Ein damals Beteiligter erinnert sich: »Drei Wirt haben wir gehabt: Den Weißwasserwirt, den Brunnbachwirt und den Anzenbachwirt. Und alle drei sind abgehaust... abgewirtschaftet durch die Raufereien... die hätten halt einen rechtschaffenen Wirt haben sollen, daß es nicht so weit hätte kommen können. Wenn ein paar zum Stänkern angefangen haben, dann hätten sie mit denen gleich hinaus... gleich fahren sollen damit. Und die haben eben immer nur zugeschaut. Gerauft, fest gesoffen – und dann haben die Holzknecht alles zusammengedroschen, und weg sind sie gewesen.

Und keiner hat gezahlt!«

Ein alter Holzknecht erklärt den Ursprung der Raufkultur in der wochenlangen Hüttenklausur in tiefen Gräben und Wäldern, keine Frauen, keine Abwechslung, Arbeitsfrust: »Jetzt haben wir den ganzen Tag gearbeitet, in der Früh bis Mittag... sagen wir gegessen haben wir gut... fett, wissen's eh, ein ›Schmalz‹ (Anm.: Kraft) hat ein jeder gehabt, und zu Mittag geschwind gejausnet... jetzt haben die schon wieder gerauft, per Gaudi, nicht aus Ernst... Trainieren, haben's gesagt, für'n Sonntag! Auf d'Nacht sind wir in die Hütte gekommen, gekocht, fest g'habert (Anm.: gegessen), einen schönen Platz haben wir gehabt vor der Hütte, dann ist es schon wieder zum Raufen geworden. Und wenn im Wirtshaus der Alkohol die Oberhand genommen hat, dann ist jeder stark gewesen, dann ist es losgegangen.«

Nach der gewaltigen Windwurf- und Käferkatastrophe, als Anfang der zwanziger Jahre in ganz Österreich junge Burschen zum Aufräumen angeheuert wurden, da gab es auch genügend Zündstoff: »Da haben ja im Hintergebirg über tausend Holzknecht gearbeitet. Kärntner, Slowenen... die haben sich untereinander... die mögen sich ja heut noch nicht... die Grenzler... und zur selben Zeit, nach dem Ersten Weltkrieg haben sie sich ja gar nicht schmecken mögen... jetzt Kärntner, Slowenen, Tiroler, Salzburger – alle Nationen, und wenn halt die zusammengekommen sind, dann ist es zum Raufen geworden.«

1923: Ein magisches Jahr für den Brunnbachwirt, das Jahr der großen Schlägereien: »Beim Brunnbachwirt, da sind sie immer am Sonntag zusammengekommen. Da war eine Schlacht, da hat der Wirt nächsten Tag dreizehn

Scheibtruhen voll Steine hinausgeradelt von der Gaststube, und der schwerere Stein hat fünfzehn Kilo gehabt – das haben sie hineingehaut. Und die Schleifholzbäume, die sind bei den Fenstern hinausgestanden, die Holzbloch... in der Gaststube ist ein Haufen Holzknechte drinnen gewesen, und da ist es natürlich zum Raufen geworden. Jetzt haben sie die Stänkerer hinausgeschmissen aus der Gaststube – und die sind dann später durch die Fenster mit den Steinen und den Schleifholz-

bäumen gekommen. Und die in der Gaststube haben nicht hinausmögen. Die haben sich zum Schutz die Tische aufgestellt... und die mit den Bäumen... auf die Tisch und wumms... ist er schon auseinandergeflogen...«

Und die Polizei, sonstige Organe des Gesetzes? – »Die Gendarmerie hat sich nicht hineingetraut. Weil die haben immer gesagt: ›Ich gehe da nicht in den Brunnbach hinein und haue mir da drinnen den Schädel ein.‹ Die Polizei ist nicht gegangen... ah, da ist gerauft worden... Da hast nur fest zuhauen müssen!«

Wer sich jetzt eingedenk dieser Geschichten aus dem wilden Wald einen hainbuchernen Haudegen

als Wirt erwartet, oder ein »Urviech à la Musikantenstadel«, mit allen Wassern gewaschen – oder eben nicht?! – der täuscht sich: Herwig Stonitsch, ebenda geboren in den Septembertagen des Jahres 1944, Hauptschule und Handelsschule in Steyr, dann »kaufmännischer Angestellter in der Bau- und Eisenbranche«, später »in der Versicherungswirtschaft tätig«, dann im Bankgeschäft, jetzt »eben Gastwirt«, wartet, bei entsprechendem Gegenüber, mit feinem Hochdeutsch auf. Kein tiefkehliges »Was willst!«, ein »Bitte sehr?« kommt über seine Lippen, bedächtig, aber immerhin.

Herr Herwig würde, wenn er nicht gerade sehr zerstreut ist –

das kann passieren, wenn er ab und zu sein bester Gast wird – jedem Altwiener oder Prager Café alle Ehre machen. Zumal auch sein trockener Wortwitz eine Parade an Situationskomik liefern kann.

Die Wirtsleut: »Es bleibt so, wie es herkömmlich immer war...«

123

Keinen Schmäh verträgt Herr Herwig allerdings, wenn es um den Ruf seines Etablissements geht, das eben kein Wirtshaus oder Beisl, sondern ein »ganz normales Gasthaus« ist. Da ist er sensibel. Von wegen »Schlangenbar« und der Ruf nach Ausbau, Erneuerungen. Sicher, hier ein neues Fenster, dort ein ergiebigerer Ofen. Aber sonst: Was soll er denn wirklich ändern? Es ist ja alles da, was das Herz begehrt, und noch viel mehr: Beim Eintreten grüßen museumsreife Bierschilder von vier verschiedenen Brauereien, im SPÖ-Schaukasten hängen schöne Neujahrsgrüße vom Vranz, ein Altpapiercontainer zeigt Umweltbewußtsein, ein Coca-Cola-Pik-

kerl – »Freiheit auf Rädern« – genau das Gegenteil, Raiffeisen wirbt mit dem Sparverein »Biene«, Maggi mit guter Würze aus den Fünfzigern.

»Insgesamt haben wir zwei Gaststuben mit ca. 70 Sitzplätzen«, erklärt der Wirt. Es ist Winter, 17.00 Uhr. Aus dem Gastzimmer zur Linken künden einschlägig-leidenschaftliche Wortfetzen vom hohen Weidwerk. Herrn Herwigs Schwager gibt den Ton an, er gehört zu den Wirtsleuten – mitsamt seiner Frau Irmtraud, die bis vor Kurzem den »Staunitz« führte. Das Bummerl brummt behaglich. Seine Wärme ist wie ein Gedicht, von dessen Poesie nicht jeder was abbekommt.

»Du kannst es betrachten als Ausflugsgasthaus da«, erklärt Herr Herwig. Da ist schon Stolz dabei. Nicht nur Holzknechte, Pendler nach der Schicht, Bauernsöhne und der durstige Postler. Da tut sich schon mehr. Besonders an Wochenenden, wenn die Bundesforste den Hintergebirgs-Radweg freigeben, da kommen viele Ausflügler, da sind selbst die Hausbänk draußen vor der Tür restlos besetzt. Und was wird geboten? – »Zum Trinken, da muß ich sagen, gibt es eh alles, was halt einem normalen Gasthaus entspricht.« – Zum Essen? Speisekarte? – »Eine Speisekarte wäre dem Ganzen nicht entsprechend. Es gibt kalte Jausen – Brettljausn – wie's her-

kömmlich war. Debreziner, Krainer, Knacker, vielleicht Frankfurter... im Sommer Schafkäs', das ist klar, weil's eh überall genug Schnitzerl gibt.« Auf Bestellung serviert Herr Herwig auch Gulasch und sonstige Hausmannskost, und sogar für Spezialwünsche ist er gerüstet: »Wenn wer Krimsekt will, muß er ihn natürlich auch bestellen, extra«, versichert er augenzwinkernd. Kein Wunder, statten doch auch mitunter höhere Gäste dem Brunnbachwirt einen Besuch ab, wie Gesellschaften aus aller Jagdherren Länder. Da denken die Wirtsleut auch gerne an den hintergebirglichen Betriebsausflug einer großen Versicherungsgesellschaft, der bei ihnen

seine Einkehr fand: »So viele Würstl hab ich selten gekocht. Den Generaldirektoren und Betriebsräten mit ihren dicken Mercedes, ah denen hat's anscheinend geschmeckt«, schmunzelt Frau Leutgeb, Herrn Herwigs Schwester. Sie denkt gerne zurück an die vielen Runden Zwetschkernen, der wie Öl in die Kehle rinnt und diese und das Geldbörsl lockert.

Auch der Brunnbach-Alltag hat Festlichkeiten zu bieten. Schließlich hat der »FC-Brunnbach« hier sein Stammlokal, und der gewinnt in letzter Zeit viele Pokale. Über vierzig Stück dieser Jubelkelche in der Gaststube zeugen vom famosen Kickergeist der Brunnbachler. Trainiert wurde im nahegelegenen »Fichtenstadion«, aber jetzt, so der stolze Stammwirt, »sind sie so gut, da brauchen's nicht mehr trainieren, die spielen nur mehr« – und gewinnen und feiern. Letztes Jahr hat es allerdings eine Schrecksekunde gegeben: Eine Gastmannschaft aus der CSFR hätte den sieggewohnten Brunnbachler Kickern bald den Wanderpokal entrissen.

Auch die zweite Brunnbachler Sportinstitution, der Brunnbachlauf, hat beim Stonitsch seinen Ursprung und Ausklang. Seit dem 31. Jänner 1926 wird dieser Schiwettkampf, an dem bisher nur Brunnbachler teilnehmen durften, jedes Jahr ausgeschrieben. Ein Foto in der Gaststube von den krawattentragenden, eschenbretterbewehrten Siegern wird noch jetzt mit Interesse kommentiert.

Es ist schon gut zu wissen, daß der Wirt am Rande des Hintergebirges so bleibt, wie er ist. Kein noch so innovatives Fremdenverkehrskonzept kann den Stonitsch aus der Ruhe bringen: »Es bleibt so, wie es herkömmlich immer war...«

Der Brunnbachwirt.

»... Debreziner, Krainer, Knacker, vielleicht Frankfurter... im Sommer Schafkäs', das ist klar, weil's eh überall genug Schnitzerl gibt...«
(Der Brunnbachwirt)

»Touristen! Seht euch die Reste des ursprünglichen Hintergebirglers gut an – in wenigen Jahren werden sie dahin sein. Ihr werdet dann Kultur und hohe Wirtshausrechnungen finden. Der Bauer wird dann nicht mehr sein, wie er war, aber auch nicht, wie ihr ihn haben wollt. Er wird für das Gute, was er von euch hat, nicht dankbar sein und in seinen üblen Eigenschaften euch lästiger fallen als bisher. Höflich wird er mit dem Städter sein, aber sein Mißtrauen gegen denselben wird nicht schwinden, wird niemals schwinden.« (Peter Rosegger, Die Hintergebirgler)

Brunnbach bei Großraming

Oben: Jagdgesellschaft vor dem
Brunnbachwirt (Aufnahme ca. 1930).

Links: Holzknechtpartie »Killian« am
Sonntag beim Brunnbachwirt.

Alois L. Lindenbauer:
Der Künstler und sein Kraftwerk

»Ich habe ein Kraftwerk. Und das heißt Hintergebirge«, sprach Alois Leopold Lindenbauer, Holz- und Steinbildhauer in Weyer. Die weiten Atelierfenster öffnen uns den Blick auf die Matten des Almkogels, einem Ausläufer seiner Kraftquelle. Er will jedoch aus seiner Beziehung zum Hintergebirge kein sektiererisches Geheimnis machen: »Ich erhebe keinen okkulten Anspruch, indem ich sage: ›Da ist ein Winkel, da spielt sich jetzt von der Energie her alles ab‹ – diese Landschaft hat eben eine dauernde Gesamtwirkung auf mich.«

Lindenbauer will durch seine Kunst die Natur keineswegs vereinnahmen, verunstalten, konsu-
mieren – schon gar nicht will er mit seiner Arbeit die Natur bereichern, verschönern, ihr eine künstlerische Ästhetik aufzwingen: »Man muß mit der Landschaft ungleich vorsichtiger, sensibler umgehen. Ich will nicht einbrechen, will nicht die übliche Annäherung an die Natur finden, wie ein Dieb, ein Räuber. Ich muß mir einmal klar werden um die ›Öffnungszeiten‹ für mich. Die muß ich mir erarbeiten, die kann ich mir nicht einfach schnappen!«

Die Natur ermöglicht Ahnungen und Eingebungen, man darf sie sich nur nicht nehmen wollen. Lindenbauer schöpft aus der Natur: »Ich schaue, daß ich mir ständig eine Atmosphäre schaffe, oder
mich einer Situation aussetze, wo ich spüre, daß das eine Wirkung hat. Sie wird gleichsam unbewußt gespeichert, lange mitgetragen. Das ist eine sehr mittelbare Art und Weise, mit der Natur umzugehen, das ist ein Prozeß, der sich aus solchen Wiederholungen derart verdichtet, daß er Tragfähigkeit gewinnt.«

Wer hinter diesem Kunstcredo so etwas wie »neue Sinnlichkeit«, Naturmysterium und Elfenbeinturm erwartet, der fehlt: Die brutale Wirklichkeit kann ihn haben, wenn es um die Zerstörung seiner Mitwelt geht. Da kann es schon passieren, daß seine öffentlichen Auftritte anstatt bei Kulturforen und Vernissagen auf besetzten

»Ich kann gehen. Ich kann
denken. Und warten kann ich
auch.«
(Alois L. Lindenbauer)

»Ich mag Material, das da ist,
um mich ist,
zu dem ich gehen und
Geheimnisse leben lassen kann.
Gehen.
Steig.
Kultur der Bewegung des
Menschen
in der Landschaft.
Zum Stein gehen.
Sich immer wieder
das Erstemal annähern.
Teilhaben an seiner Urbewegung.
Seiner Einsamkeit.
Seinem Geist.«
(Alois L. Lindenbauer)

Alois L. Lindenbauers
»Korrespondenzsockel«: Stein auf
Briefumschlägen (1986).

129

Baustellen, bei Kundgebungen oder in Wirtshaushinterzimmern bei Initiativenversammlungen stattfinden. Ein »Kunstwerk« von ihm ist jedem Hintergebirgler in legendärer Erinnerung: Das grün-weiß-rote Nationalpark-Pickerl gegen das Kraftwerk ist in Insiderkreisen jetzt, fast zehn Jahre danach, ein heißbegehrtes Relikt aus bewegten Zeiten.

Es ist bei weitem nicht so, daß Lindenbauer bei seinen Aktivitäten als dröhnender Rabauke auftritt. Er wirkt ruhig, bedächtig, stellt sich nur in den Vordergrund, wenn sonst niemand da ist, agiert phantasievoll, ab und zu lustig – als Bürger, der mitdenkt – und handelt, und nicht als Künstler, der diese Art des Engagements als Teil seines Gesamtkunstwerkes sieht. Gerne würde er auf solche Aktionen verzichten, kosten sie doch Kraft, Energie und Gefühle, die er lieber in seine Arbeit einfließen läßt: »Es ist zwangsläufig, daß man in so einen Bereich hineinkommt, wenn man sich als Künstler mit Natur auseinandersetzt, um ihre Verletzlichkeit und Auszehrung weiß. Außer ich hab' die Einstellung: ›Hinter mir die Sintflut, geh' ich halt woanders hin.‹«

Alois L. Lindenbauer – ein Künstler aus Fleisch und Blut, bodenständig im schönsten Sinn des Wortes. Sein Vater war in einer für ihre Exklusivität berühmten Weyrer Kunsttischlerei beschäftigt. Sie belieferte einst Pavillons der Pariser Weltausstellung genauso wie das englische Königshaus und sonstige illustre Monarchenkreise. In seiner Freizeit hat er gezeichnet und kleine Holzfiguren geschnitzt. Am elterlichen Dachboden fand sich eine Batterie alter russischer Ölfarben in Bleituben, sie wurden dem 1947 im Sternzeichen des Schützen geborenen Alois Leopold zum Vergnügen und Schicksal. Nahezu all seine Hauptschulfreizeit verbrachte der Künstlersproß vor seiner selbstgebauten Staffelei, mit dem Vater stand er um vier Uhr früh auf, verbreitete seinen Ölfarbengestank in der ganzen Elternwohnung, um nach der Schule mit gleichem Elan und Geschick weiterzupinseln. Ab und zu fand er sogar einen Käufer für seine malerischen Frühwerke, was sein Taschengeld ordentlich auffettete.

In Alois' Dickschädel stand es schon lange fest: Er wird Künstler. Sein vorläufiges Unglück war nur, daß in der Nachbarschaft ein exzellenter Bildhauer wohnte, der ob seiner Kunstfertigkeit geehrt wurde, damit jedoch mehr schlecht als recht über die Runden

»Ich will keine Fertiggerichte servieren!«
(Alois L. Lindenbauer)

kam. So schien es den Eltern dringend angeraten, den Alois einen anständigen Beruf erlernen zu lassen. Die daraufhin absolvierte Bäckerlehre war anstrengender als erwartet, für seine Kunst blieb weder Kraft noch Zeit. Ehe er sich endgültig verselbständigte, verdingte er sich als »Pfostenschupfer« in einem Sägewerk, bei der Eisenbahn am Stellwerk und als Holzknecht. In der Hallstätter Holz- und Steinbildhauerschule gewann er sein theoretisches Rüstzeug.

Sein Katalog erzählt nichts von all diesen biografischen Stationen. Sein Lebenspanorama – symbolisch dargestellt durch den Höhenzug des Dürrensteigkammes mit dem Almkogel – prägen indessen Gipfel, Fluren, Gräben und Höhlen seiner Heimat: »Erstes Gehen. Hammergraben. Wasserboden. Bärnau. Sommer. Högerberge. Längere Aufenthalte in Höhlen. Legbachrinne. Hartelsgraben. Raucherkarhöhle. Frühjahre. Emesangeralm. Langsteinhöhle. Föhrenbachtal. Kienrücken. Spätherbst. Atelierbau. Zusammenarbeit mit Architekt Lucio de Paulis (L'Aquila). Aufenthalte in Mittelitalien, Korsika, Elba und Sardinien. Beteiligungen an Symposien. Aktionen und Projekte: ›Fogelvreind – Vogelfeind‹ mit Helge M. Stiegler (Weyer). ›Dürrnbachgehen‹, ›Beinkeile‹, ›Krümmlinge‹. Das Nichtgetane ist mitgegangen über die Rücken und weiter. Dabeigewesen in den Gräben. Entlang. Oft. Den Ybbsschädeln begegnet. Wieder Dürrnbachgehen. Den Almkogel zu wissen ist wichtig.«

Lindenbauers Skulpturen haben sich in der Zwischenzeit einen exzellenten Ruf erworben. Dem Ruf folgen Berufungen – zu internationalen Seminaren, Symposien und Projekten. Seine Prägung durch die Umgebung war mehr Motivation als Hindernis für die Beschäftigung mit Landschaftsformen und Kulturen des mediterranen Raumes. Wer sein Sonnenhangatelier betritt, der erfreut sich an einem mehrdimensionalen Sinnerlebnis. Er begnügt sich nicht mit der reinen Formgebung. Seine Experimente mit Pflanzenextrakten sind allemal ein Abenteuer an Farben und Düften.

Nicht minder aufregend erzählen sich seine Projektinszenierungen. »Naturkunst« in vollendeter Form kann man seine Bach-Aktionen nennen. »Im Dürrnbach« hatte er unter anderem zu einer Vernissage eingeladen, die sich schließlich über zwölf Monate erstreckte. Ort der allerorts ange-

»Es ist alles Bewegung, Veränderung, Gerichtetheit in den Skulpturen, die er darstellt. Monumental und fragil in einem, blockhaft und körperhaft. Wesentlich ist diesen Skulpturen, daß sie sich nicht wie protzige Monumente gegen die Zeit erheben, sondern die Zeit erhebt sie in die Ewigkeit. Sein Formenvokabular setzt er in virtuoser Art individuell um und findet so eine weitere Spur zu seiner neuen Kultur.« (Leopold Kogler über Alois L. Lindenbauer)

kündigten Lustbarkeit: Ein scheinbar alltäglicher Bach in einem unscheinbaren, verlassenen Graben, jeder fährt mit dem Auto gedankenlos vorbei. Aus nah und fern fanden sich Freunde der hohen Kunst ein. Was sie antrafen, waren kein ungezwungenes Kunstgeplauder und kein Smalltalk bei Appetithäppchen und Drink. Was sie sich durch Kopf, Herz und Bauch gehen lassen konnten, war der Bach mit seiner grenzenlosen Formenfülle, mit seinen Sand- und Schotterbänken, seinem Wasser, seinen Felsklötzen und Ufergesträuch. Dieser Coup gegen den herkömmlichen Kunstbetrieb eröffnet uns ein wichtiges Anliegen Lindenbauers: Die Natur als Kunstwerk zu präsentieren, weil sie sonst in unserem Kulturkreis kaum in ihrem Wert wahrgenommen wird.

»Im Gaflenzbach« hatte er wohlgeformte und mit Plomben versehene Steine liegen, die er je nach Bedarf für Aktionen und Ausstellungen entnahm und sie anschließend wieder fein und säuberlich zurücklegte. Ein tätiges Symbol gegen den Ausbeutungswahnsinn unserer Zeit.

Natürlich findet der Weyrer Künstler mit derartigen Projekten nicht nur Verständnis und Anerkennung seiner Nächsten. Die sprichwörtlichen Argusaugen schießen hinter nicht wenigen spießbürgerlichen Gardinen hervor, denn je weiter sich das Werk von Gewohntem entfernt, entsteht schon eine gewisse Differenz mit der gängigen Supermarkt-Mentalität mancher Leute. »Ich will keine Fertiggerichte servieren!« Lindenbauer geht es vielmehr darum, unter besonderer Berücksichtigung nonverbaler, autonomer Erfahrungsebenen Urbewegung stärker spürbar zu machen — zwischen Archaik und dem Jetzt, zwischen Alpen und Meer.

Ein Künstler, der aus dem Rahmen fällt?

Kahlschlag im Lande

»Wen das Wunder goldener
Herbstlärchen ergreift, dem
brauchen wir nicht vorrechnen,
welchen Wert der Wald als
Sauerstofflieferant,
Wasserspeicher, Lawinenschutz,
Rohstoffproduzent und als
Erholungsraum für uns hat.«
(G. Rettenegger)

»Er hatte eine Stimme gehört,
eine Stimme im eigenen Herzen,
die ihm befahl, unter diesem
Baume Rast zu suchen.«
(Hermann Hesse, Siddharta)

Plädoyer für eine bunte Wildnis

Was der Mensch seiner Umwelt, seiner Landschaft antut, das hat er sich schon längst selber angetan: Eiskalte Planung statt heißer Phantasien, standhafte Emotionen statt umwerfender Gefühle.

Vom Kahlschlag in den Köpfen zur kahlgeschlagenen Landschaft – und umgekehrt – ist es nur ein kurzer Weg. Von versteinerten Herzen zum verbetonierten Alltag – und umgekehrt – ist es nur ein kleiner Schritt.

Alles geht Hand in Hand. Leer und ausgeräumt unsere Fluren, Wiesen, Äcker, leer und ausgeräumt unser Inneres. Hauptsache, es funktioniert. Hauptsache, wir funktionieren.

Bachläufe, geradlinig mit dem Lineal gezogen, keine Bucht für das Wasser, zum Ausruhen, zum Klären, keine Mäander und Schlingen, zum Wirbeln weder Platz noch Weile, sturheil gerade, schnurstracks geflossen in die Unrast unserer Zeit.

Sauber und ordentlich unsere Gärten, hinein kommt, was das Versandhaus verordnet: Stechende Koniferen gegen Kinderspiel und Vogelbrut, klinischer Rasen, befreit von allem Bunten, Giftgrün im bösen Sinn des Wortes, Gänseblümchentod.

Pestizide und Turbomäher gegen die Anarchie der Natur, auf daß wir uns nur ja nicht von ihr anstecken. Schubraupe und Motorsäge im Kampf gegen Hecken, Baumreihen, Flußauen, kleine Lacken, Gräben und gegen sonstige Unebenheiten des Lebens – für das gewaltsame Ausmerzen jeder üppigen Lebensäußerung unserer Natur. Angst vorm Leben.

Säuberungsaktionen und Bereinigungen gegen Land und Leute. Balsam auf das Herz jedes Sauberkeits- und Ordnungsfanatikers: vermutet er doch hinter jedem Gebüsch, hinter jedem wirren Staudengehölz, durchsetzt mit Tümpeln, Moor und wucherndem Gras Anarchie und Illegalität.

So wie die Natur, die Wälder, die Gewässer, die Wiesen reduzieren wir uns und unseren Geist auf ÖNORM und DIN. Geben wir dem bunten Leben wieder eine Chance, lassen wir das Stück Restwildnis unberechenbar dahinwuchern, auch wenn sich viele dabei nicht wohlfühlen: für unzählige Pflanzen- und Tierarten ist sie ein unverzichtbarer Lebensraum.

Lassen wir tausend Blüten blühen, damit es den Allzumächtigen, den ewigen Lebensverneinern endlich entschieden zu bunt wird.

Wald im Hintergebirge:
Eine Bestandsaufnahme

Es gibt solche Förster und andere. Von solchen Förstern, deren Revier eher die hirschhornbehängte Kanzlei ist, deren Berührungen mit ihrem Wald vorwiegend auf der Inventurkarte stattfinden und nur gelegentliche Autovisiten ihre Forsttätigkeit abrunden, dabei harmlose Radfahrer herrschaftlich in ihre engen geistigen Schranken weisen, von solch hohem forsttechnischen Personal soll hier nicht die Rede sein.

Z., der einstige Förster vom Hintergebirge, war ein anderer. Er kannte seinen Wald in- und auswendig. Im Winter, wenn sein »Dienstkäfer« nicht mehr in die äußersten Winkel seines Reviers vordringen konnte, schnallte er seine Langlaufschier an. Natürlich, er war einer, den wir landläufig als »wilden Hund« bezeichnen. Mit seiner angeborenen Innviertler Stämmigkeit beherrschte er handfest so manche Wirtshausdebatte. Schnell wild war er, ein gefürchtetes Mannsbild, wenn's ums Streiten ging. Auch gegen das Kraftwerk und gegen brutale Forststra-

ßensprenger stritt er heftig und empörend, was seinem staatlichen Arbeitgeber, so könnte gemunkelt werden, nicht recht schmeckte. Er wurde wegversetzt. So grob er zu den Menschen sein konnte, so sensibel war er, wenn es um seinen Wald ging. Genau konnte er uns erklären, warum an bestimmten Bergflanken Mischwald aufkommt, an anderen nicht. Das fängt schon beim richtigen Schlägern an, und beim Kultivieren muß aufgepaßt werden, daß nicht die Fichte überhand nimmt. Doch das Hauptproblem jeder Waldverjüngung scheint ihm das Wild.

Im Föhrenbach – er wird weithin gerühmt ob seiner großflächigen alten Mischwaldbestände – können wir die praktischen Auswirkungen der Wildzucht erschöpfend studieren: Die Fichte, von Hirsch, Reh, Gams redlich gemieden, wächst quicklebendig so vor sich hin, die Buche bekommt da von den Mäulern des edlen Schalenwilds schon weit mehr ab, ist aber zäh und wuchert fein verästelt der Sonne entgegen. Rich-

tiggehend malträtiert wird hingegen die Esche: Sie wird solange verbissen, bis sie, nicht höher als einen Meter geworden, den Geist aufgibt. Ja, und der gesamte Ahornnachwuchs schafft es gerade noch zu drei Seitentrieben und geht dann kläglich ein. Ändert sich nichts, so wird schon ab der nächsten Waldgeneration der Föhrenbachwald nur aus Buche und ein wenig Fichte bestehen. In dieser Höhenlage bei weitem kein naturgerechter Zustand.

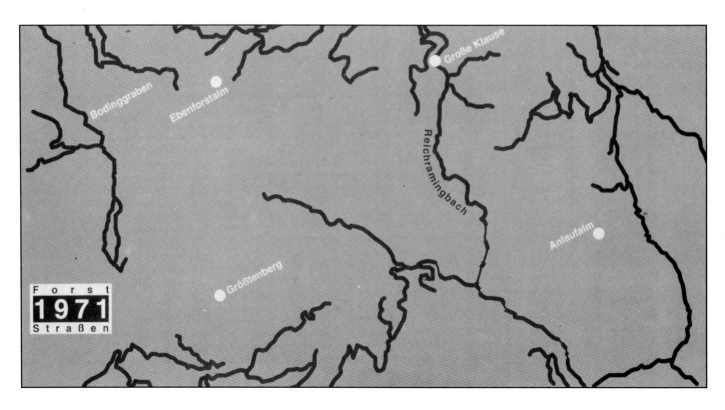

Waldverwüstung durch Forststraßen. Wunden in der Landschaft, die so schnell nicht heilen.

Unten: Landschaftszerstörung durch Forststraßen im Zentralraum des Hintergebirges. Links: Forststraßenbestand 1971 (unmittelbar nach Auflassung der Waldbahn). Rechts: Forststraßenbestand 1980 – also nach neun Jahren! (Quelle: Bundesamt für Eich- und Vermessungswesen, ÖK)

Wer das Hintergebirge per Rad aus Richtung Reichraming besucht, der wird an den Hangwäldern nahe am Bach fast reine Buchenbestände finden. Der Waldexperte bezeichnet diesen natürlichen Waldtyp als »submontanen Buchenwald«. Die Buche ist kein Kostverächter. Weder vom Wild noch von Wind und Wetter läßt sie sich leicht unterkriegen, so daß sie auch bis in die Latschenregion und auch an anderen Extremstandorten zu finden ist. Trotz dieser hohen Anpassungsfähigkeit bevorzugt sie wärmere, halbschattige Gefilde. Und damit wird sie in dieser Hanglage besonders verwöhnt.

Weiter drinnen, wo die Seehöhe zunimmt, die Gräben tiefer werden, Schluchten und Klammen sich in alle Richtungen verzweigen, da beginnt der »montane Bergmischwald«. Die Wissenschaft sagt, er hätte ursprünglich aus je einem Drittel Fichte, Buche und Tanne bestanden. Allerdings hat die Tanne im Zeitalter des »Sauren Regens«, des erhöhten Wildhungers und nach einigen ihr feindlich gestimmten Förster-Generationen als bestandsbildende Art ausgedient. Restexemplare vegetieren an den Hängen so vor sich hin. Im feuchten Schluchtbereich kommen verstärkt Esche, Ulme und Bergahorn dazu, an den oberen, trockeneren Sonnenhängen übernehmen Lärchen und Föhren im Verein mit der Fichte die Oberhand.

Wer sich nach langem Anmarsch den oberen Hängen des Größtenbergmassivs nähert, der kann sich am sogenannten »subalpinen Fichtenwald« erfreuen. Eberesche, Buche und Lärche sind vereinzelt beigemischt, auch Einzelexemplare des Bergahorns sind noch in größerer Höhe anzutreffen. An der Nordseite beginnt so ab 1500 m undurchdringliches Latschengestrüpp. Vereinzelte Krüppelfichten stoßen in höhere Lagen vor. Vom südlich gelegenen Halterhüttental reicht der Kampfwald nahe an die Gipfelregion von knapp über 1700 m heran. Dieser schüttere bis fehlende Baumbewuchs in diesen Höhen – auch das Nockplateau am Sengsengebirge ist ein gutes Beispiel dafür –

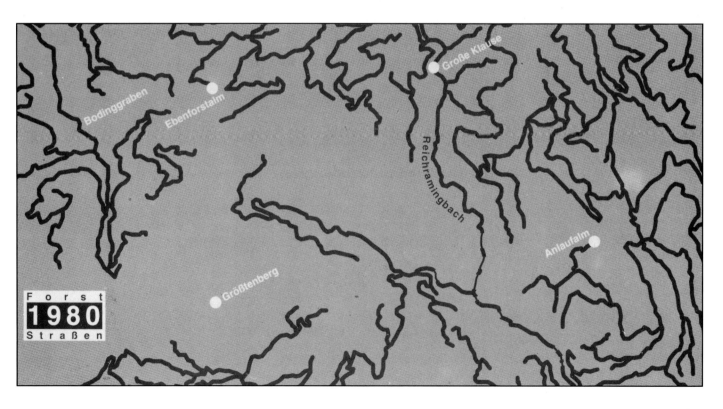

könnte von einer intensiven Almbewirtschaftung seit dem Mittelalter herrühren. So soll das »Sengsengebirge« seinen Namen beileibe nicht von der einstmals im
Steyr- und Garstnertal dominie-
renden Sensenschmiede, sondern
vom »Sengen«, d. h. von der
Brandrodung in den höheren Regionen haben. Wer jetzt den Größtenberg sieht, der kann sich gar
nicht vorstellen, daß ältere Quellen von ausgedehnten Almmatten
sprechen. Noch vor hundert Jahren weidete am Hochsattel eine
erkleckliche Anzahl von Schafen,
und ältere Leute können noch von
einer Halterhütte am Größtenberg
berichten. Bauliche Überreste gibt
es keine mehr, die veränderte
Vegetation und die verbliebenen
Flurnamen werden noch in Ewigkeit Zeugnis von dieser längst vergangenen Nutzungsform ablegen.

Einige kostbare Waldraritäten
haben auch im Hintergebirge ein
halbes Jahrtausend intensiver
Forstbewirtschaftung überlebt: In
den südlichen Gebirgsteilen ist an
ausgesuchten Stellen der wilde
Buchs zu bewundern, der früher
wegen seines geschmeidigen Hol-
zes für die Erzeugung feiner
Drechslereiwaren, so z. B. für
Holzschalen, Büchsen (daher der
Name), verwendet wurde.

Am Nordrand des Hintergebirges, an unzugänglichen Felsgra-
ten, verstecken sich mitunter
prächtige Eibenfamilien. Ein wahrer Vernichtungsfeldzug wurde im
Mittelalter und in der frühen Neuzeit gegen dieses biegsame, rot-
braune Holz veranstaltet. Bogen-
manufakturen in aller Welt wurden aus unseren Beständen belie-
fert, war doch die Eibe in England
schon sehr frühzeitig ausgerottet
und frischer Nachschub für neue
Völkergemetzel gefragt. Weltweit
geschätzt sollen auch die mächtigen, gutgewachsenen Lärchen aus
der Gegend um Geiernest gewesen sein, erzählte mir ein alter
Chronist. Bis nach Afrika und Süd-
amerika soll dieses harte Nadel-
holz aus dem hintersten Hintergebirge verschifft worden sein, um

Auswanderern einen Hauch von
heimatlichem Waldharz zu ge-
währen.

Waldökologen beweinen das
baldige Aussterben unserer
Tanne. So grenzt es an ein Wunder, was unweit des Ahornsattels
an den Abhängen des Wasserklot-
zes so unbeschadet gedeiht: Urge-
sunde, mächtige Tannenbestände,
vom hundertjährigen Riesen bis
zum Sprößling, mischen sich mit
Buche, Lärche und Fichte. Kaum
Verbiß und sonstige Baumschäden
trüben des Fachmannes Auge.
Doch die Gefahr lauert auch hier,
sie kommt von überall her: aus der
Luft, in Form von Schadstoffen
und »Saurem Regen«, von der un-

verwüstlichen Kahlschlagmentali-
tät so mancher Forstleute, die ihre
Bringungsstraßen in immer un-
wegsameres Gelände sprengen
lassen und dabei so manche Wald-
rarität vernichten.

Hoffnung läßt da nur der Nationalpark aufkommen. Er würde
den Zentralteil des Hintergebirges
und die naturnahen Schlucht- und
Hangwälder bis weit in die Täler
hinaus den Händen der Forstindustrie entziehen. »Der Nationalpark
gibt dem Wald die Chance zu be-
weisen, daß er es fertigbringt,
auch ohne Forstleute zu wachsen –
und davor haben so manche sichtlich Angst«, schmunzelt ein Ver-
treter des WWF.

Alle Macht der Ökonomie:
Das Märchen vom braven Stangenwald und vom bösen Urwald

»Holzfabrik« Fichtenmonokultur: anfällig für Windwurf und Schädlingsbefall.

Links oben: Die ohnchin schon durch Luftschadstoffe dezimierte Tanne ist für das Wild ein besonderer Leckerbissen. Hier ein totverbissenes Exemplar neben einer völlig unversehrten Fichte.

Links Mitte: Zu viel Schalenwild macht auch Laubbäumen den Garaus. Hier eine verbissene Buche.

Die großflächigen Fichtenstangenwälder sind ein Produkt des Merkantilismus im 18. Jahrhundert, der in der Ökonomisierung aller Lebensbereiche und Lebensräume des Menschen eine Zukunft in Wohlstand und Glück vorgaukelte. Die Fichte ist schnellwachsend, eignete sich als leichtes Weichholz hervorragend für die Trift und stellt an den Standort keine hohen Ansprüche. Im Hintergebirge wurden besonders die Gunstlagen rund um den Brunnbach, bei der Anlaufalm Richtung Weißwasser und Mooshöhe und in der Gegend des Ebenforstes mit Fichtenreinkulturen überzogen.

Diese »Holzfabriken«, die in Reih und Glied zu einem reinen Wirtschaftswald erzogen wurden, bieten kaum Widerstand gegen Stürme. Großflächige Windwürfe sind die Folge. Gerade in Monokulturen können sich Schädlinge besonders schnell ausbreiten, die Windwurfkatastrophe im Hintergebirge von 1916 ist das beste Beispiel dafür.

»Willst du den Wald vernichten, dann pflanze Fichten, nichts als Fichten!« Diesen Stoßseufzer ließ einst ein deutscher Forstmann in Stein meißeln, nachdem sein gesamter Streichholzwald einem Wintersturm zum Opfer gefallen war. Während ein gesunder Mischwald mit Sträuchern und Gehölzen an seinen Rändern und mit unterschiedlich hohen »Baumstockwerken« dem Sturm seine Wucht nimmt, sind die Fichtenstangen dem Druck schutzlos ausgeliefert.

Längst haben vorausblickende Forstwirte und Waldökologen die richtigen, auch ökonomisch sinnvollen Schlüsse gezogen und setzen wieder auf den gesunden, standortgerechten Mischwald, der durch natürliche Verjüngung aufkommt. Jedoch: Was wir jetzt an Katastrophen ernten, haben unsere Vorfahren vor 100 Jahren gesät. Gerade beim Wald wird uns deutlich, wie wichtig und lebensnotwendig eine ökologisch nachhaltige Wirtschaftsweise ist.

Längst sind wir noch nicht soweit, annähernd alle Mechanismen dieses komplexen Lebensraumes durchschauen zu können. Ein Grund dafür besteht darin, daß unser heutiges waldbauliches Wissen größtenteils auf Erfahrungen beruht, die in künstlichen Wirtschaftswäldern gemacht wurden. Der modernen Waldforschung, die der Waldwirtschaft wichtige Grundlagen liefert, ist daher gerade die Bewahrung von Urwäldern, Urwaldresten oder naturnahen Wäldern ein wichtiges Anliegen. Erschließen doch diese natürlichen Waldgesellschaften der Wissenschaft neue Erkenntnisse über die dynamischen Lebensprozesse im Wald (Verjüngung, Aufwuchs, Zerfall).

Im Hintergebirge haben sich an Extremstandorten und an unzugänglichen Stellen, wie an den steilen Flanken des Größtenberges, rund um den Wasserklotz, am Kienrücken und im Föhrenbach, naturnahe Waldreservate erhalten. Diese Gebiete werden im Nationalpark als »Naturzonen« ausgewiesen, unter wissenschaftlicher Betreuung außer Nutzung gestellt und in Urwälder rückverwandelt.

Wälder, in denen alles kreuz und quer liegt (in Urwäldern besteht ein durchschnittlicher Totholzanteil von 30 Prozent der gesamten Holzmasse), die eine »undurchdringliche Wildnis« voller Stauden und Büsche sind, vor denen sich also jeder Natursaubermann furchtbar ängstigt – gerade diese Wälder sind immun gegen nachhaltige Katastrophen.

»Der Urwald, die Heimat des Lebens, der einfache, primitive Tiegel, in dem aus Sonne und nasser Erde lebendige Formen gebraut werden.« (Max Frisch)

»Neues Leben aus Totholz. Naturwald, Sinnbild des Lebens. Baumriesen, uralt und erhaben. Moderndes Bodenholz nährt neues Leben, schützt es vor Wind und Wetter. Werden und Vergehen im ständigen Gleichgewicht. Vital und immun gegen nachhaltige Katastrophen. Vorbild für die moderne Forstwirtschaft.« (G. Rettenegger)

»... nichts als Dickicht, uferlos,
grüngrau, platt wie ein Ozean –
Dickicht!«
(Max Frisch)

Unten: Frühlingswald am Bach.
Frischgrünes Buchenlaub, durchsetzt
mit Ahorn und kahler Esche. Ab und
zu eine verlorene Fichte. Der erste
Eindruck im Jahr am Radweg
Hintergebirge: himmelblaue Föhnluft
und ein Hauch von Erde und neuem
Leben.

Ökosystem Wald

Viele sehen den Wald vor lauter Bäumen nicht.

Zu dieser Lebensgemeinschaft gehören auch Kräuter, Pilze, Flechten,
Moose, der Boden mit seinen Lebewesen, Wildtiere und Vögel.
Der Wald ist ein komplexes Lebensgewebe, das sensibel
auf Einflüsse von außen reagiert.
Wenn ein Teil dieser Lebensgemeinschaft ausfällt,
geschädigt wird oder sich übernatürlich vermehrt,
so wird das gesamte Ökosystem aus dem Lot gebracht.

Viele sehen den Baum vor lauter Holz nicht.

Die Holzwirtschaft hat den Wald nicht für sich allein gepachtet.
Sein Wert geht weit über den des aktuellen Holzpreises hinaus.
Wir sprechen von der Nutzwirkung (Holznutzung, Jagd ...),
der Schutzwirkung (gegen Lawinen und Erosion),
der Wohlfahrtswirkung (Trinkwasserreservoir, Luftfilter,
Schalldämpfer)
und der Erholungs- und Bildungswirkung des Waldes.

Junger Habicht.

Unten links: Sperlingskauz.

Unten rechts: Uhu.

Hintergebirge: Reservat für bedrohte Arten

65 Millionen Jahre nach dem Aussterben der Dinosaurier erlebt die Erde das größte Massensterben von Tieren und Pflanzen: Rund 1,7 Millionen Arten sind derzeit bekannt, davon werden 570.000 in den nächsten fünfzig Jahren aussterben, wenn wir so weitermachen wie bisher. Täglich verabschieden sich bis zu 130 Tierarten für immer von unserer Welt!

60 Prozent der Brutvögel, 46 Prozent der Säugetiere und an die Hälfte der Blütenpflanzen sind in Österreich vom Aussterben bedroht. Von 45.000 heimischen Tier- und Pflanzenarten verwenden wir höchstens 500 für Ackerbau, Viehzucht, Hobby und Jagd. Der Rest scheint nutzlos – Unkraut, Untiere?

Es ist daher besonders wichtig, einen so großen und zusammenhängenden Gesamtlebensraum wie das Hintergebirge für unsere folgenden Generationen zu bewahren. Dieses Gebiet ist für viele auf der »Roten Liste gefährdeter Arten« stehende Tiere und Pflanzen ein letzter Zufluchtsort. 82 zum Großteil stark gefährdete Vogelarten, wie z. B. Schwarzstorch, Uhu, Wanderfalke, Eisvogel, Steinadler, alle heimischen Spechtarten, Wasseramsel, Gebirgsstelze, Graureiher, Zwergschnäpper, Auer- und Birkwild, Haselhuhn, brüten in Wäldern und an Bachläufen.

Die Dichte an Insekten und sonstigen Kleintieren ist nirgends in vergleichbaren Gebieten Österreichs so hoch wie im Hintergebirge. Auf den extensiv genutzten Almflächen, an Berg- und

Schluchthängen findet sich eine außerordentlich vielfältige und bunte Vegetation. Die Nördlichen Kalkalpen sind durch eine große Anzahl nur hier anzutreffender Pflanzen (Endemiten) ausgezeichnet. Dazu gehören die Alpennelke, die Clusius-Primel (»Jagabluat«), Kerner's Lungenkraut und die Österreichische Wolfsmilch. Diese Arten kommen auch im Hintergebirge reichlich vor. Eine Einwanderin aus den weiten Steppen des Ostens ist die in unseren Breiten seltene Pannonische Distel. Weitere »Rote Listen-Pflanzen« sind der Klebrige Lein, das Steinröschen und die verschiedenen

Orchideen, die Knabenkräuter, der »Frauenschuh«, die Fliegen-Ragwurz, die Kugelorchis sowie das weiße und rote Waldvögelein. Alle möglichen Enzianarten, der »Petergstamm« (Primula auricula), die Zwergalpenrose und der Steinbrech bedecken die steilen Felsflanken in den Schluchten und an den Berghängen.

»Der Natur zu ihrem Recht verhelfen, kaum mehr eingreifen, nichts entnehmen, das Netzwerk des Lebendigen nach seinen eigenen Gesetzen frei entwickeln lassen, voll Ehrfurcht beobachten, Natur in Ruhe lassen – um ihrer selbst willen. Eine selbstlose – vielleicht die höchststehende – Ethik des Umweltschutzes. Und genau dazu ist der Mensch am wenigsten im Stande.«
(Bernd Lötsch)

153

Unten links: Primula auricula, »Petergstamm«.

Unten rechts: »Frauenschuh«. Kein Platz für Orchideen in Pestizid- und Düngerwiesen.

des rasantesten Biotop- und Artensterbens der Geschichte Alarm
schlagen und die Industriestaaten zu beispielhafter
Selbstbegrenzung auffordern, müssen ein paar Naturschützer ihr
halbes Leben aufwenden, um Gewaltprojekte abzufangen, für die
Schreibtischtäter eine halbe Stunde brauchen, um sie zu
beschließen.«
(Bernd Lötsch)

Die Prachtnelke ist in höheren Regionen zu Hause. Ihre Blüten verbreiten einen angenehmen Duft nach Vanille.

Unten links: Das rote Waldvögelein.

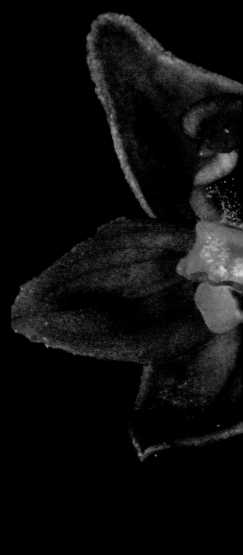

Dengelorchis.

Unten: Sumpfstendelwurz.

Im Jagdrevier Hintergebirge zählt man noch an die 15 Exemplare vom Auerhahn. Früher waren es 30 und mehr. Das edle Federwild macht sich rar. Schuld daran sind keineswegs die Jäger, sondern es ist die schleichende Zerstörung seines Lebensraumes durch die moderne Forstwirtschaft, die ihm zu schaffen macht. Die Rauhfußhühner brauchen zusammenhängende lichte Altbaumbestände. Kahlschläge und dichte Monokulturen sind ihr Tod.

159

Iltis.

Dachs.

Vom Verlust der Wiesen

Frühsommer auf Schaumberg. Du spürst, dein Atem wird leichter. Nach anstrengender Kletterei durch Fels und Wald liegt die weite Almwiese vor dir. Das vertraute Schellen der Glocken, das verfallene Steingebäude versinkt unter einer Bodenwelle. Wir liegen im Rasen, mit Aussicht auf Alpstein und den langen Rücken des Kien.

Frühling in der Keixen: Eine Symphonie aus Blütenduft, Farben und Insektentreiben, Föhnwind schmeichelt vom Größtenberg, Geruch von Erde und jungem Gras. Buntes Wiesentreiben, zartes Leben – und du mittendrin. Ein Gefühl, die Natur in ihrem Ursprung zu spüren. Und doch: Wiesen sind Lebensräume aus Menschenhand, durch Jahrhunderte dem Wald abgerungen. Denn nur dort, wo Trockenheit und extreme Temperaturgegensätze weder Baum- noch Strauchwuchs zulassen (Trockenrasen, alpine Rasen oberhalb der Baumgrenze), gibt es sogenannte »Urwiesen«.

Im Hintergebirge sind die Wiesen immer kleiner und weniger werdende Inseln im Waldland. Sie bedürfen der ständigen Pflege, die sich für unsere Bauern immer weniger lohnt. Arbeit und Ertrag stehen hier in einem sehr ungünstigen Verhältnis. An Gunstlagen tauchen Dünger und Pestizide, die den Wuchs einiger bestimmter Grassorten fördern, das Land in einfältiges Grün: Kein Platz für Orchideen und bunte Schmetterlinge! Denn je farbenprächtiger die Wiese, desto vielfältiger ihre Bewohnerschaft.

Dort, wo die Hänge immer steiler werden, sogar Traktoren ihren Geist aufgeben, wo der Hof weit weg ist, keine Straßen hinführen, dort wird aufgeforstet. Holz statt Weide oder Mahdwiese verspricht langfristig besseres Fortkommen. Gepflanzt wird vor allem der »Brotbaum« Fichte. Einförmige Kulturforste überwuchern ehemalige Schmetterlingswiesen. »Verwaldung« nennen wir diese Landschaftsplage. Auch dadurch werden die Lebensräume für kostbare Tier- und Pflanzenarten immer mehr beschnitten. Sogar das Wild verliert einen Großteil seiner Äsungsflächen, es muß immer mehr mit saftigen Baumsprößlingen Vorlieb nehmen – und da bevorzugt es vor allem Tanne und Laubbäume. Ein teuflischer Kreislauf hin zu grüner Monotonie.

Wer will darin schon gerne wandern: Wald, Wiese, Wasser – die Abwechslung macht den Reiz für uns aus.

Wenn der Waldschatten bis zum Talgrund kriecht und den Häusern die Sonne nimmt, wenn Rastplätze mit schönen Aussichten verwachsen, sich freie Almflächen uns immer mehr verschließen, dann merken wir, wie kostbar und wichtig uns Wiesen sind. Jedoch, mit nostalgischen Träumereien vom guten alten Bauernland ist keinem geholfen. Was kostbar ist, hat seinen Preis. Und den wollen wir unseren Bauern nicht zahlen. Auch der Bergbauer steht nun einmal im Machtfeld von Angebot, Nachfrage und politisch gelenkten Preisen. Solange wir nicht bereit sind, kostenwahre Preise für unsere Landesprodukte zu zahlen, wird sich wenig verändern. Und wer will schon unsere Bauern als kammer- oder staatsangestellte Landschaftsgärtner degradiert wissen? Natürlich: Auch Förderungen für landschafts- und biotoperhaltende Bewirtschaftungsformen sind unumgänglich und notwendig. Hier zahlt die Öffentlichkeit für zusätzlichen Arbeitsaufwand.

Wiesen, die nicht mehr genutzt werden, können überdies auf Berghängen Katastrophen auslösen: Das lange Gras bietet ideale Rutschflächen für Lawinen. Unbetreute Wiesen sind auch erosionsanfälliger. Wir haben daher mehr als genug Gründe, die Land- und Almwirtschaft zu fördern. Dabei kommt dem Hintergebirge zugute, daß es im Nationalpark Kalkalpen liegt. Dieser hat es sich zur Aufgabe gestellt, die Wirtschaftskraft der Bauern zu stärken, indem er Eigeninitiativen in Richtung Produktveredelung, Ab-Hof-Verkauf oder die Gründung von Vermarktungsgemeinschaften unterstützt.

Almmatten, Schmetterlingswiesen als ausgestorbene Biotope: Neuere politische Einsichten geben Hoffnung, daß diese Vision noch nicht besiegelt ist.

»Kannst du noch einen ganzen Tag verträumen, bis dann der Abendwind in deinen Haaren spielt? Ahnst du, wozu die bunten Blumen blüh'n? Du ahnst es? Ja? – Dann liebst du noch, mein Kind.«
(Rupert Federsel)

»Schön war die Welt, wenn man
sie so betrachtete, so ohne
Suchen, so einfach, so kinderhaft.
Schön war Mond und Gestirn,
schön war Bach und Ufer, Wald
und Fels, Ziege und Goldkäfer,
Blume und Schmetterling.«
(Hermann Hesse, Siddharta)

Wasser: Quell des Lebens

Wasser ist Leben. Und Leben ist stete Veränderung im Werden und Vergehen. Diese Landschaft ist geprägt von ihrer ewig fließenden, treibenden, wirbelnden, sprühenden, stürzenden Gewalt. Über Jahrmillionen formte es mit hartnäckiger Geduld unser Gebirge, modellierte sein grobes Relief: Wilde Gräben, mächtige Felsenschluchten mit atemberaubender Wucht in widerstandsfähigen Dolomit gegraben, tiefe Klammen, bizarr in Kalk geschnitten. Eiszeitgletscher schliffen Felsengrate, hobelten Täler aus Gebirgsflanken, ihr Schwemmaterial bildete Plateaus aus Konglomeratmassen.

Die Lebensadern des Hintergebirges: Bäche, in ihrer Gesamtheit Hunderte Kilometer lang, bestes Trinkwasser von den ersten Quellen weit drinnen am Wasserklotz, am Größtenberg bis zur Mündung des Reichramingbaches in die Enns.

Wasser bildet und prägt Lebensräume: Gerinne in Felsspalten, Moosquellen, Smaragdbäche, Tümpel, »Boding« (vom Bach ausgewaschene Felswannen), Moorwiesen, sumpfige Riedel, Sulzen, Lacken, Teiche, Bergseen, Kiesbänke, Auen – Erlenbrüche, Weiden, Haseln und Ulmen zum Bach hin. Dazu allerlei Gewächs und Getier, fein angepaßt an das feuchte Element, sensibel gegen Verschmutzung, Verbauung, Planierung,

»Was bewunderte Bloom, der Wasserfreund, der Wasserzapfer, der Wasserträger, am Wasser, während er zur Feuerstelle zurückkehrte? Seine Universalität: seine demokratische Gleichheit und Konstanz gegenüber seiner Natur, indem es sich seine eigene Oberfläche suchte . . . seine riesige Ausdehnung als Ozean . . . die Rastlosigkeit seiner Wellen und Oberflächenpartikel, die umschichtig alle Punkte seines Gestades besuchten . . . seine Fähigkeit, alle lösbaren Substanzen einschließlich Millionen von Tonnen der edelsten Metalle aufzulösen und in Lösung zu halten . . . seine langsamen Erosionen von Halbinseln und Inseln . . . sein Gewicht, sein Volumen und seine Dichte . . . seine Unerschütterlichkeit in Lagunen, Atollen und Bergseen . . . seine Gewalt bei Seebeben, Wasserhosen, artesischen Brunnen, Eruptionen, Gießbächen, Strudeln, Hochwassern, Überschwemmungen . . . Überflutungen, Sintfluten, Wolkenbrüchen . . . sein geheimes Vorhandensein in Quellen und als latente Feuchtigkeit . . . die Einfachheit seiner Zusammensetzung, nämlich aus zwei Bestandteilen Wasserstoff und einem Bestandteil Sauerstoff . . . seine Eignung zum Reinigen, zum Löschen von Durst und Feuer, zur Nährung der Vegetation . . . seine Metamorphosen aus Dunst, Nebel, Wolke, Regen, Graupel, Schnee, Hagel . . . seine Allgegenwärtigkeit, insofern es 90 Prozent des menschlichen Körpers bildete.« (Aus: James Joyce, Ulysses)

»Aus grünem Ursprung
treffen Gießgänge unserer Gedanken
auf harten Fels:
Unmerklich im Augenblick
weicht er ihrer sanften Kraft.«
(G. Rettenegger)

»Mitten im Felsen, da ist der hohe Felsen hinauf, da kimmt ein ganzer
Bach heraus. Reines Wasser, eine Quelle. Da kann man in der Seite,
wie die Bachpfoad ist . . . in der Seite mag man da fort hinein . . . da
haben sie früher immer gesagt, da ist eine Goldlucke drinnen, da
haben die Italiener ein Gold herausgenommen . . . und der Pranzl
unten . . . da haben sie auch gesagt . . . der hat Gold aussa . . . aber ich
glaub, die haben lauter Wild drinnen gehabt! Wildbrat! Weil da so
viel Wild ist drinnen im Hintergebirge . . . Wir sind einmal hinein . . .
und da sagen's, drinnen in der Höhle geht es einmal hinunter,
wo das Gold wäre . . .

»Lebendige Zeichen aus der Felsenhöhle.
Deine Augen trinken die Kühle
des weißen Quells
im Schatten tiefer Mauern.
Laß, wenn deine Stirne leise blutet,
dich entführen durch grünen Pfad.«
(G. Rettenegger)

Mit einer Taschenlampe sind wir hinein . . . da bist immer
unsicher . . . jetzt siehst du gar nichts drinnen . . . da kann ja ein See
drinnen sein . . . auf einmal mußt dann schon im Wasser fort . . . und
auf einmal . . . plumpst ament (Anm.: vielleicht) wo hinunter.
Kopfschiach derf man da nicht sein: Neugierig waren wir, ob da nicht
etwas zu finden wäre . . . es wird immer niedriger und niedriger . . .
das Wasser ist ja ganz schwarz da drinnen . . . Da gehst weiter, und
auf einmal fliegst wo hinunter, das war gefährlich für uns . . . da
haben wir gesagt: ›Verdammt, da kannst verschwinden drinnen wie
nichts.‹« (Michael Wartecker, ehemaliger Holzknecht)

»Manchmal saß sie am Bach und
lauschte dem Wasser, der Stimme des
Lebens – und sah das Wasser,
das Gleichnis der Seele. Stetes Fließen im
Kommen und Gehen,
und nie wissen, was kommt, was geht.«
(G. Rettenegger)

Große Klause

Spiegelschrift der Wellen am schwarzen Kalk, unergründlicher Tümpel, erst smaragden, dann tiefes Dunkel, schäumender Wassersturz über Holzwehr, ein Querbalken scheint die Klammwände auseinander- oder zusammenzuhalten: Relikte der einstigen Mitterwändklause oder Großen Klause, 1604 erstmals erwähnt, Herzstück der Holztrift im Hintergebirge.

An dieser Stelle hat der Bach nach den Eiszeiten einen in Ost-West-Richtung verlaufenden Querriegel aus hartem Hierlatzkalk durchbrochen. Oberhalb der Klammstrecke weitet sich das Tal, die Hangböschungen weichen zurück, die Talform wirkt sanfter, milder. Diese Talweiterung besteht großteils aus weichen Neocom-Mergeln, die leicht und rasch erodieren.

Seit dem Mittelalter haben es unsere Vorfahren verstanden, aus dieser geologischen Besonderheit Kapital zu schlagen: Eine zehn bis zwanzig Meter hohe und wenig breite Holzbarriere genügte, und ein weites Tal mit großem Wasserrückhaltevermögen konnte zugestaut werden. Ideale Verhältnisse für eine große Triftanlage. Technisch verständlich, daß unsere Generation auf die Idee kam, hier an den Eingang der Klamm eine 85 m hohe Speichermauer anzulehnen. Zäher Bürgerwiderstand verhinderte diesen Betonanschlag.

Anstelle des periodisch vorhandenen Triftsees entwickelte sich ein wertvolles Biotop aus verzweigten Gerinnen, Tümpeln, Feuchtwiesen und einem undurchdringlichen Erlen- und Weidengestrüpp. Kostbare Brutstätten für extrem gefährdete Amphibien, Reptilien und Vögel.

(Fotos der Großen Klause finden sie auf der Schutzumschlag-Vorder- und Rückseite sowie im Inhalt auf Seite 104.)

Große Schlucht

Ein Name, der sich erst in allerletzter Zeit eingebürgert hat, traditionelle Kartenwerke führen sie als namenlose, geschlungene Bachstrecke mit felsigen Abhängen. Dabei stellt dieser Bereich zwischen Annerlsteg und dem Schleierfall zweifelsohne das Herzstück des Hintergebirges dar. Leicht zu erreichen per Rad in ca. 1½ Stunden vom Bahnhof Reichraming, und – jetzt weniger abenteuerlich – begehbar über einen in Österreich wohl einzigartigen Schluchtklettersteig, der von der ÖAV-Sektion Großraming – Ennstal vorbildlich sanft auf den Spuren eines ehemaligen Holzknechtsteiges errichtet wurde.

Einmalig ist auch die Entstehungsgeschichte dieses Cañons: Der »Ur-Bach« zog seine Mäander durch flachwelliges Land, damals wie heute hatte er eine geringe Fallhöhe. Im Zuge der Alpenfaltung hob sich das Terrain ständig, im Gegenzug grub der Bach seine Mäander tiefer und tiefer in die quer zur Flußrichtung streichenden Dolomitzüge. Der ursprüngliche Bachverlauf blieb somit erhalten, durch die Tiefenerosion wurde aus dem Kerbtal eine cañonartige Schlucht. Fachleute nennen dieses geologische Phänomen »ererbte Mäander«.

Ein Geomorphologe beschreibt noch weitere Besonderheiten dieses mehr als 2 km langen Naturdenkmals:

»In der Schlucht selbst sind auch die typischen Erosions- und Korrosionsformen, vor allem sehr große Kolke und Strudeltöpfe sichtbar. Die aufsteigenden, oft glatten, konvexen Felsflächen am Schluchtoberrand, welche an den Prallhängen der Mäander in fein gerillte Wandpartien übergehen, stellen eine weitere besondere Eigenart dieser gewundenen Schlucht mit dem ruhig dahinfließenden Gewässer dar. Der Landschaftscharakter wird noch ergänzt und gesteigert durch den rechtsseitig umrahmenden Fels-

zackengrat am Hochschlachtbach. Die feingerippten Schluchtpartien gehen hier in einen Dolomitgrat über, dessen schichtrippenartige Felskliffe quer zum Kammverlauf herauspräpariert wurden, wobei selektive Verwitterungsprozesse die verschieden widerstandsfähigen Dolomitbänke zu bizarren Felsformen gestaltet haben.« (Stocker, 1984)

Ahorntal

Die letzte Eiszeit, sie ging vor ca. 10.000 Jahren zu Ende, hat im Hintergebirge wenige Gletscherspuren hinterlassen. Diese Kaltperiode mit häufigen klimatischen Wallungen, mit Frost, viel Schnee und Regen und mit wenig bodenschützender Vegetation ließ die Berghänge stark erodieren, wahre Schuttmassen flossen zu Tal. Kleine Eismassen schliffen hier die Kanten, hobelten sanftere Trogtäler aus den Landschaftsfurchen. Und doch hat sich, auf den höchsten Höhen des Hintergebirges, am über 1700 m hohen Größtenberg, »ewiges Eis« gehalten. An seiner schattigen Nordseite reichte eine Gletscherzunge weit ins Tal und modellierte das Ahorntal in den massiven Wettersteinkalk. Ein Rand aus hochaufstrebenden Felswänden läßt heute ihren Verlauf genau nachzeichnen. Nach der Eiszeit setzte die Erosion ihr Zerstörungswerk fort: Schreckliche Schuttflächen machen ein Fortkommen im weglosen Steilgelände zur Qual, kaum Humus für üppigere Vegetation. So geht der Wald schon in geringer Höhe in einen Bestand aus alten, verknorpelten Bergahornrelikten, Fichten, Lärchen und Ebereschen über, ab und zu ist eine Buche eingestreut. So ab 1500 m regiert schier undurchdringliches Latschendickicht.

Die »Große Schlucht«
am Reichramingbach.

Hochschlacht

In seinem steilen Fall von der Kalkplateaufläche des Anlaufbodens in die Tiefen des Schwarzen Baches nagt der Hochschlachtbach an den quer einfallenden Dolomitbänken. Dadurch bilden sich immer wieder Kaskaden und große Kolke mit Tümpeln, die dem Wanderer an heißen Tagen als Naturbadewannen dienen. An einer Stelle, kurz bevor sich das Wasser über die Felsabbrüche stürzt, trennt den Hochschlachtbach vom Cañon der Großen Schlucht nur eine Felsbank von fünf Metern Breite. Wasserundurchlässige, massive Schichten haben bisher ein Durchbrechen des Baches in die Schlucht verhindert.

Entlang der Steilhänge dieser »Hohen Schlucht« und über einen Felsgrat führt ein waghalsiger, an einigen Stellen erodierter Wanderweg zur Anlaufalm. Dieser steile »Hatscher« mag an trockenen Sommertagen ein Erlebnis sein – der Blick in die Schlucht und die lieblichen Wasserfälle und Tümpel des Baches sind den Schweiß schon wert – nach Regentagen kann eine Hochschlachtwanderung zu einer gefährlichen Rutschpartie ausarten. Also: Nicht ganz Trittsichere und Schwindelfreie sollten sich am Schleierfall oder an den zahllosen Badetümpeln im Talgrund schadlos halten. Und auf die Anlaufalm gibt es allemal bequemere Zustiege.

»Wildbäche gischten, Wasserfälle springen, blumige Auen dehnen sich unbesiegt von den Menschen. Aus sich selbst ändert sich ewig die Natur und bleibt sich dennoch immer gleich in ihrer Ursprünglichkeit und Größe. Möchte es auch so mit dem Menschen sein!«
(Peter Rosegger)

lungsstadien im Wasser und zählen zur Hauptnahrung für höher organisierte Tiere. Wer am Bachufer einen Stein hebt und genau schaut, der wird sich wundern ob der Vielfalt an unscheinbarem Leben. Dieses reagiert allerdings äußerst sensibel auf Veränderungen, denn die geringste Verschmutzung, eine Ausleitung, Verbauungsarbeiten, Baggerungen, Sand- und Schotterentnahmen können viele Arten zum endgültigen Verschwinden bringen.

Lebensraum Gebirgsbach

Karstquellen, schwarze Schluchten, helle Kiesbänke, gischtende Steilstufen, Katarakte, Wasserbrausen, wirbelnde Tobel, stille Tümpel – ein Gebirgsbach macht bei seiner Reise von seinen Ursprüngen bis zur Mündung viele Verwandlungen durch. Angepaßt an diese stark wechselnden Lebensbedingungen, hat sich eine reichhaltige aber sehr spezialisierte Tier- und Pflanzenwelt entwickelt. Ist der Bach noch unberührt von Verschmutzungen durch Siedlungen und Landwirtschaft, von Kraftwerken, Touristen und Autowäschern, dann läßt es sich in ihm ganz gut leben. Er liefert reichlich Sauerstoff, und die Temperatur macht auch nicht so große Sprünge wie bei stehenden Gewässern. Das einzige Problem dabei: ein klarer Gebirgsbach ist rar an Nahrung, eine gelegentliche Schwebstoff-Fracht anläßlich der Schneeschmelze oder nach Regengüssen schafft notdürftig Abhilfe, trotzdem bleiben die Forellen rank und schlank.

Wer einen Bach sieht und Tiere beobachten will, der denkt vorerst einmal in den größten Kategorien: die typischen Bachfische sind natürlich die Bachforelle und der

Saibling, am Ufer, unter Steinen am stilleren Unterlauf hält sich die vielerorts ausgestorbene Koppe versteckt. Wie der Flußkrebs – einige Restexemplare werden im Reichramingbach noch gesichtet – hat auch dieser Kleinfisch ein Problem: Er verträgt nur sehr sauberes Wasser, bei der kleinsten Verschmutzung dreht er seinen Bauch nach oben. Wo der Gebirgsbach für die Sportfischerei mißbraucht wird, da ist der massenhafte Einsatz von Regenbogenforellen nicht auszuschließen. Diese robusten nordamerikanischen Eindringlinge vertreiben unsere sensible Bachforelle aus ihrem angestammten Lebensraum. In ruhigen Tümpeln der Unterläufe kommt die ebenfalls aus Nordamerika eingeschiffte Äsche vor.

Vor allem aber ist der Gebirgsbach ein Dorado für Hunderte von Insektenarten. In den Schluchttümpeln des Hintergebirges wurden in letzter Zeit von Limnologen Arten gefunden, die sie in Mitteleuropa als ausgestorben wähnten. In großen Mengen finden wir Larven von Steinfliegen, Köcherfliegen, Eintagsfliegen und von verschiedenen Mücken. Diese Arten verleben ihre ersten Entwick-

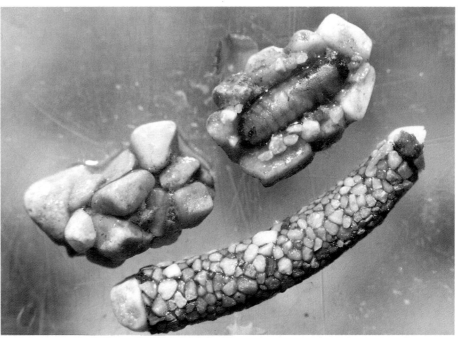

»Was heimlich erblüht am Bachgrund.
Tausend Dottersonnen lachen
hinter Weide, Erle, Hasel.
Eine Insel im dunklen Gehölz
unserer Gedanken.«
(G. Rettenegger)

»Was mir auf die Nerven ging: die Molche in jedem Tümpel, in jeder Eintagspfütze ein Gewimmel von Molchen – überhaupt diese Fortpflanzerei überall, es stinkt nach Fruchtbarkeit, nach blühender Verwesung. Wo man hinspuckt, keimt es. Nichts als schwarze Köpfe mit zuckenden Schwänzchen, wie ein Gewimmel von Spermatozoen, genau so – grauenhaft.«
(Max Frisch)

Dieses Kapitel ist all jenen gewidmet, die unbeirrt und ungeachtet der vielen persönlichen Anfeindungen für die Erhaltung des Hintergebirges gekämpft haben – bei unzähligen »Saalgefechten«, am Biertisch, am Schreibtisch, auf der Straße, an den Baustellen, vor Gericht, als Bauern, Professoren, Arbeiter, Gewerbetreibende, Studenten, Lehrer, Journalisten, Künstler . . . und als Politiker.

Heiß umfehdet, wild umstritten . . .

Widerstand als moderne Brauchtumspflege

Früher waren es die Wilderer, die mit der Büchse in der Hand nicht nur zwecks zusätzlicher Nahrung in das tiefe Gebirge marschierten, sie kämpften – bewußt oder unbewußt – auch gegen die Allmacht der Grundherrn und für das allgemeine Jagdrecht. Das Wildern war ein permanenter symbolischer Aufstand der kleinen Leute gegen die rücksichtslose Hand der Privilegierten. Mord und Totschlag waren in diesem sehr wohl gesellschaftspolitischen Konflikt vorprogrammiert. Wahre Schlachten zwischen der Ordnungsmacht und den »schwarzen Gesellen« waren beileibe keine Seltenheit.

Heiß umfehdet, wild umstritten ist – wenn auch mit anderen Waffen – unser Gebirge heute noch: Jetzt prallen die Interessen zwischen industrieller Profitsucht, politischer Profilierungsneurose, Privilegienschinderei und den Schützern der menschlichen Lebensgrundlagen, kurz: zwischen brutaler Ökonomie und lebensbejahender Ökologie zusammen.

Auch hier kämpfen scheinbar schwache, kleine Leute gegen eine massive Geld- und Medienallmacht – gegen Kanonenschießplätze, Autobahnen, Kraftwerke, Bohrtürme, gegen jede Art von Betonprothesen in der Landschaft, gegen Atommülldeponien. Es kommt keine Ruhe ins Land, allerorts sanfter, lauter Aufruhr. Nicht überall, aber für die Beton- und Giftmischer beunruhigend oft, gewinnen diese kleinen »grünen« Männchen ihren Kampf.

Die Auseinandersetzungen um den Noricum-Kanonenschießplatz und um das Monsterprojekt eines Speicherkraftwerkes sind Beispiele eines erfolgreichen, phantasievollen Aufbegehrens engagierter Bürger. Ihre Idee war es auch, das Hintergebirge und die angrenzenden Landschaften zu einem Nationalpark zu erklären. Damals ernteten sie noch Spott und Hohn.

Nun ist der Nationalpark eine von allen Parteien beschlossene Sache. Aber es gibt schon wieder Fehde: Ein großer Grundbesitzer, die Österreichischen Bundesforste, will höchstens unwirtschaftliche Schlucht- und Bergwälder in den Nationalpark einbringen und wehrt sich auch sonst heftig gegen eine Aufweichung seiner grundherrschaftlichen Macht durch den Naturschutz. Sonderbar scheint nur, daß die Bundesforste – der Staat! – ihr Gebiet mit fliegenden Fahnen Kanonenschiebern und Strombossen verschachert hätten!

Ähnlich verhalten sich auch die Zwangsvertreter der Bauern: Weder Muh noch Mäh kam ihnen gegen den Kraftwerksbau – der eine existenzielle Gefährdung der Almwirtschaft gebracht hätte – über die Lippen, die kleinen Almbauern waren beim Kampf gegen das Kraftwerksungetüm auf sich allein gestellt. Nun, beim Nationalpark verspüren die lodengrünen Kammerfunktionäre plötzlich ungeheuren Vertretungszwang und schimpfen gegen den Naturschutz.

Stille Beharrlichkeit und der Hang zum Verweigern hat bei den Alpenbewohnern, so auch bei den »Hintergebirglern«, eine unentwegte Tradition. Vielleicht haben wir diese Eigenschaften noch unseren Vorfahren, den friedliebenden, ruhigen, aber stets widerstandsbereiten Venetern, einem slawischen Stamm, zu verdanken. Vielleicht haben wir auch von ihnen noch Reste eines Kults der Gefahrenabwehr übernommen. Es macht kaum einen Unterschied, ob Kultplätze – Gipfelkreuze, Marterl, Steinmanderl und andere markante Zeichen an Kraftfeldern

– gegen Blitz, Donner, Hagel, Sturm, gegen feindliche Armeen oder gegen die natur- und lebensraumverachtende Profitgier unserer Zeit errichtet werden. Die neuen Bittgänge und Prozessionen – ob christlich oder nicht – sind Demonstrationen, die neuen Gemeinschaftsandachten sind Menschenblockaden und Baustellenbesetzungen gegen die planmäßige Zerstörung der Schöpfung. Das hat nichts mit religiöser Verzückung, New-Age-Verbrämung oder gar mit Blut und Boden-Verherrlichung zu tun. Der tätige

Juni 1984: die Kraftwerksbaustelle im Hintergebirge ist besetzt. Nach zwei Wochen geben die Mauerbauer auf.

Kampf der Wenigen für die Lebensgrundlagen aller ist eben der moderne Kampf gegen elementare Gefahren, und »Gefahr bewirkt Kult«, schreibt Hans Haid (»Mythos und Kult in den Alpen«, S. 183). Der Kampf gegen Kraftwerke, Autobahnen, Bohrtürme und sonstige Betongötzen ist daher ein wichtiger Schritt zur Aufrechterhaltung oder Wiedergewinnung einer eigenständigen Identität der Gebirgsbewohner. Somit ist dieser Widerstand eine wichtige Äußerung des Volksbrauchtums.

»Eine ganz neue Vaterlandsliebe ist unterwegs. Während unsere diversen Regierenden die Bundeshymne singen oder singen lassen . . . ›Land am Strome‹ – und die Donau wird betoniert und das letzte Bacherl, ›Land der Dome‹ – und die Kirchen werden gotteslästerlich überragt von den babylonischen Türmen des Kommerzes und des Sozialstaates, kämpfen unten die wahren Patrioten um die Rettung verbliebener Reste der konkreten Heimat, deren veruntreutes Inventar die Bundeshymne so bieder aufzählt.«
(Günther Nenning)

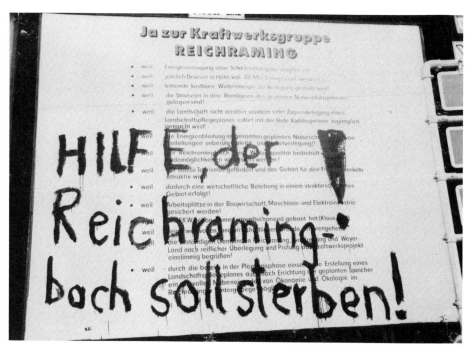

»Und wehren uns hier und jetzt ...«: Kraftfeld gegen Kraftwerk

1983: Nichts unterbricht das Schweigen der Verlassenheit. Wir zwei hocken im Gras, schauen die Ruhe, Windstille der Seele aus dem Frieden dieses Landes. Mondlicht. Es ziehen die Wolken hin. Nebel steigen aus dem unermeßlichen Dunkel der Buchen.

Vielleicht, dort unten, ein Wasser, der Große Bach. Vielleicht Jahre später kein Wasser, hinwegprojektiert, ein stinkendes Rinnsal. Vielleicht hier eine Straße, Parkplätze, Autotüren, Scheinwerfer, Jagdgesellen mit Joppe und Gamsbart, biertrunken einig mit Mauerbauern und CoKG.
Trotzdem: wir haben Kraft im Anschaun dieses Tales.
Und dann: Flurzeichen aus Kinderzeit. Gerinne im Kiesufer, Teiche hinter Schotterbänken, unter Steinen unendliche Schätze an Krebsen, Steinmaden, Larven, Koppen, ab und zu eine kleine Forelle als flüchtige Beute unserer Kinderhände; an heißen Tagen Versteckspiele hinter Wehren, Tauchübungen unter Flutertoren hindurch, ausgedehnte Luftmatratzenreisen vorbei an Wildwasser und tiefen Tümpeln; Sprünge von Felsen, zaghaft oder waghal-

sig – je nach Höhe oder Zahl der Zuschauer.

Buschhüttendörfer, Indianerspiele in der Bachau, boshafte Mutproben mit allerlei Getier, allen voran mit Ringelnattern, Kreuzottern, verschwiegene Spiele hinter Erlen- und Weidenholz, dazu die Freiheit haben, ein eigenes Land zu besitzen, jenes herrenlose Wald- und Wasserrevier am Reichramingbach.

Jahre vergehen: Gehölze und Gerinne verschüttet, Erlen und Weiden geschlägert, Bäche mit Lineal, Bagger und Beton behandelt. Alles, was Kinder schätzen und lieben, verkommt bei den Erwachsenen zur »Wildnis«, die man zu fürchten hat, zur Unordnung, die quält.

Der Bach wird zur Kraftquelle für Megawatt. Die Mächtigen projektieren die Verleugnung ihrer eigenen Kindheit auf Kosten unserer Kinder. Jedoch: Wir übertragen die Ahnung einer heilen Kinderwelt in die Zukunft und wehren uns hier und jetzt. Wenn der Wille Berge versetzen kann, so schafft er es auch, Betonklötze vor so manchen Hirnen zu zersprengen.

196

Unten: Zuversicht bei der Baustelle:
»We shall overcome«!

Hintergebirge wird zu Symbol der Öko-Revolte

Das Hintergebirge – so weit und so groß, so viel Wald, Wasser, Gräben, soviel unnütze Landschaft, Stauden, Gestrüpp, Schutthalden, das bißchen unrentables Forstgeschäft . . . ein Dorn im Auge eines jeden aufrechten Fortschrittstechnokraten. Und weil diese Sorte von Menschen zwar keine Phantasie, doch großartige Projekte hat, begab sich schon einiges in diesem stillen Lande.

RETTET DAS HINTERGEBIRGE !

»Was geht im Hintergebirge
schon verloren? Diese Steilhänge,
das ist doch nichts Besonderes,
und im Bach gibt es nicht einmal
Fische!«
(ein Verbunddirektor, 4. April
1984)

Die schweigende Mehrheit

Wer hat sie zum Schweigen gebracht?

Die, die für sie reden.
Die, die für sie denken.
Die, die sich auf sie berufen.

Die, die für sie Antworten finden,
so zum Beispiel auf die Frage,
wer denn wohl
die schweigende Mehrheit
zum Schweigen
gebracht hat,
ohne zu sagen,
wer für sie redet,
wer für sie denkt,
wer sich auf sie beruft.
(G. Rettenegger)

Harter Kampf um Bau des E-Werks

Der Kampf um den umstrittenen Bau der Reichraminger Spei-
en ist er...

»Einspirrn!« lautete anno 1984 das Urteil der Umweltbewegung gegen die österreichische Bundesregierung wegen der Schandtaten Hintergebirge, Umballfälle und Hainburg. Greenpeace-like wurden die Eingangstüren des Steyrer Stadtsaals, in dem Bundeskanzler und Minister Klausur hielten, mit Ketten verriegelt. Doch auch hier zeigte sich die fatale Schwäche des traditionellen Strafvollzugs: Einsperren hilft rein gar nichts, die Häftlinge bleiben das, was sie immer schon waren . . .

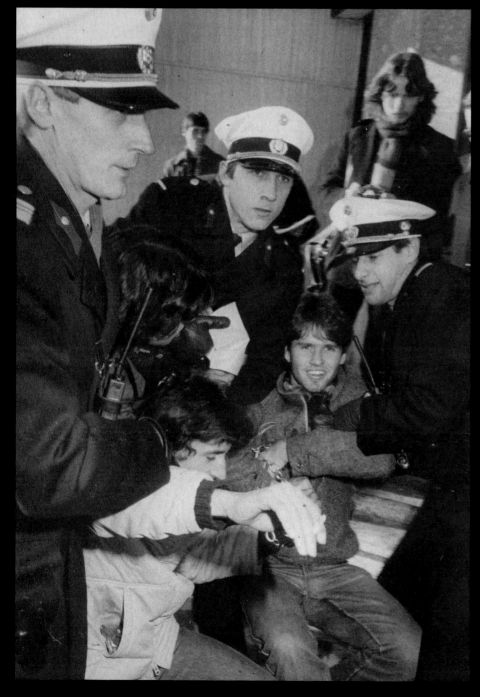

Sicht-Weisen

Nach biologischer Sicht
der Dinge
wird der Mensch
kaum Überlebenschancen haben.

Nach menschlicher Sicht
der Dinge
wollen wir
die biologische
überwinden.
(G. Rettenegger)

Widerstand

»Was ist ein Einbruch in eine Bank
gegen die Gründung einer Bank«,
fragte Brecht.

Sie haben den Gewinn
und überlassen uns
getrost
die Moral.

Weltuntergang. Niemals.
Mit wem soll man da noch Ge-
schäfte machen?

Die gute alte Technik:
Als es noch genügte,
Sand ins Getriebe zu streuen.
High Technology:
Da muß man schon die Leitungen
kappen.
(G. Rettenegger)

199

»Andere haben auch keinen Bach . . .«: Eine Erinnerung an die Zukunft

»Die Grünen, woaßt wos i mit denen tat« – er dreht den rechten Daumen nach unten und zermalmt genüßlich eine trockene Semmelkrume. Die Brösel spritzen. Die Runde feixt. Ein muffiges Dorfwirtshaus. Eine Luft aus Würstel mit Saft, Rauch und Bier. Die Tische rundum sind voll besetzt. Allesamt Arbeiter, die täglich fahrplanmäßig um 5.23 Uhr ins 30 km entfernte Steyr pendeln, um 16.22 Uhr in Reichraming dem Regionalzug von Linz Hauptbahnhof nach Kleinreifling entsteigen, essen, fernsehen, ins Wirtshaus gehen; ein paar Bauarbeiter, zwei Holzknechte, ein Landwirt. Schwüle Bierstimmung, keine Weinseligkeit. Keine Frau dabei. Was sie heute anpacken, ist Männersache. Doch vorher werden noch ein paar Bier gehoben, die jemand großartigerweise bezahlt hat, das hebt die Stimmung. Reichraming, ein Ort im oberösterreichischen Ennstal, 2000 Einwohner, 70% SPÖ-Wähler, Krisengemeinde in der Krisenregion Steyr, Ende Juni 1984: der Teufel ist los.

Es geht um ein Kraftwerk, das – so die Gottesoberen – die Wirtschaftsstruktur der Region verbessern und Arbeitsplätze bringen soll. Minigolf-Anlagen und ein Tennisplatz für den hiesigen Sportverein, ein Musikpavillon für die örtliche Blasmusikkapelle, neue Steuern für die Gemeinde, asphaltierte Straßen, Umsatzsteigerungen bei Bier und Wurstsemmeln, vielleicht sogar ein paar Bauarbeitsplätze für 2½ Jahre – jeder, der dafür ist, »sieht sich was« am Kraftwerksgeschäft. Und das Hintergebirge, dort soll das Speicherkraftwerk hinkommen, war ihnen immer schon suspekt: für die einen, die Holzknechte, ein trostloser Arbeitsplatz, für die anderen eine weite, weglose Wildnis, mit der sowieso aufgeräumt gehört. Da kommt manchem das Kraftwerk gerade recht: zwei Staumauern, die eine 100 m hoch und 5 km bacheinwärts im Tal des Reichramingbaches gelegen, anschließend die zweite mit 80 Metern, von der projektierenden »Ennskraftwerke AG« (EKW) als »siebthöchste« bzw. »zehnthöchste« Staumauer bejubelt, Leistung: 100 Megawatt, Jahresarbeit: 93 Gigawattstunden.

»Das größte geschlossene Waldgebiet der nördlichen Kalkalpen, ein Bachsystem mit Trinkwasserqualität von den Quellen bis zur Mündung, letztes Refugium von anderswo schon längst ausgestorbenen Tier- und Pflanzenarten, Erholungsgebiet tausender Naturhungriger aus dem umweltkrisengeschüttelten oberösterreichischen Ballungszentrum, die schönsten Naturbadeplätze und der schönste Radwanderweg Österreichs, unzählige Klammen, Schluchten, naturnahe Mischwälder, funktionierende Almwirtschaft ohne Kitsch und Alpenklamauk«: kaum ein Superlativ, der nicht verwendet werden kann, wenn »die anderen«, die »Hintergebirgler«, ihre Landschaft beschreiben. Und »Hintergebirgler« gibt es beileibe nicht nur in dieser Region. Die »ARGE Hintergebirge«, ein Zusammenschluß aller Bürgerinitiativen und Organisationen, die sich dem Schutz des Hin-

»Die haben noch nie in ihrem Leben einen Krampen oder eine Schaufel in der Hand gehabt . . .« (aus einer Aussendung der Gewerkschaft Bau – Holz)

tergebirges verschrieben haben, hat Arbeitsgruppen in Linz, Salzburg und Wien, die immer dann auftreten, »wenn's heiß hergeht«; sogar aus Deutschland kommt tatkräftige Unterstützung. »Wir arbeiten gegen das Kraftwerk und für eine eigenständige Entwicklung unserer Region«, versichern die Hintergebirgsschützer, »denn wir haben immer gewartet, daß was von außen kommt, und nichts, außer die Krise, ist geschehen. Wir nehmen die Zukunft selbst in die Hand«. Das wurde von so manchen als Drohung aufgefaßt. Und als alle Politikervorsprachen, Flugzettel, Diskussionen und Resolutionen nichts gefruchtet hatten und die EKW einfach zu bauen angefangen hat, machte eine Hundertschaft von Naturschützern ihr »Recht auf Gemeingebrauch an öffentlichen Gewässern« (gemäß Wasserrechtsgesetz) geltend und setzte den Bereich der Baustelle für eben diesen Gemeingebrauch (Baden, Zelten, Lagern usw.) instand. Besetzung kann man so etwas auch nennen.

»Von der Natur kenna ma uns nix abbeißen«, sagt einer – wir sind wieder im Wirtshaus – und haut auf den Tisch.

»Lauter Gesindel, da drinnen«, sagt ein anderer, »alles Arbeits-lose, Studenten, Haschischbrüder, Nacktbader und Lehrer, Leute also, die noch nie im Leben etwas Anständiges gearbeitet haben!«, analysiert er mit demoskopischem Scharfsinn. Am Tisch kommt Pogromstimmung auf und pflanzt sich fort. Wenn sie nur könnten, wie sie wollten, dann wäre Ruhe da drinnen. Das Wort vom »Dreinhauen« und »endlich Zuschlagen« macht die Runde, einige krempeln die Ärmel hoch und werden konkret: »Die Feuerwehr her und weggspritzt g'hörns«, meint einer und kippt seine Halbe. »Genau! Aber net mit Wasser, mit Adel« (Anm.: »Adel«, oö. ugs. = Jauche),

denkt der Landwirt standesgemäß.

Was dem einen sein »kleiner Hitler« ist – »nicht für uns, für die anderen, damit endlich a Ruah is'!« –, ist dem anderen schlicht auch sein »Arbeitslager, daß die Wadln krachen«. Einiges mehr, und alles das, was gesagt werden muß nach der vierten oder fünften gespendeten Halbe, wird gesagt: »Abg'fahr'n g'hört mit denen da drinnen«, bringt's einer auf den Punkt und steht auf. Alle, bis auf wenige, stehen auf, sie sind entschlossen.

»Die da drinnen«, des nachts so um die fünfzig, sitzen um ein paar Lagerfeuer. Die einen singen zur Gitarrenmusik, andere braten oder kochen andächtig ihr Nachtmahl – Bratwürste, Mus, Polenta – eine andere Runde erzählt sich, zur Information wie zur Bestärkung, Geschichten von der schon Tage andauernden Besetzung. Konrad L., Kunstschmied, Reichraminger, Mitglied der örtlichen Bürgerinitiative: »Ein Reporter vom Fernsehen hat gefragt, wie lange wir das noch aushalten. Ich hab gesagt: so lange, bis das Kraftwerk gefallen ist. Da hat er ungläubig gegrinst.«

Leute von der einheimischen Bürgerinitiative geben auch Kostproben von so manchen Merkwürdigkeiten zum Besten: von ihren Politikervorsprachen, von ihrer Flugzettelschreiberei und Plakatkleberei, von ihren Bürgerdiskussionen, Vorträgen usw., und davon, daß alles kaum etwas gefruchtet hat, außer ein bißchen Bewußtseinsveränderung bei der Bevölkerung, nicht bei den Politikern. Dafür, also für die besonderen Verdienste um die Umweltbildung, hat sich die Reichraminger Bürgerinitiative 1983 sogar den Österreichischen Naturschutzpreis eingehandelt. Erst als es spektakulär wurde, merkte die breitere Öffentlichkeit etwas vom Hintergebirge: als z. B. im Jänner 1984 die Bundesregierung bei ihrer Klausur im Steyrer Stadtsaal mit Ketten an der Eingangstür eingesperrt wurde; oder als Transpa-

rente die Spitzen der örtlichen Maibäume schmückten und die sichtlich geschockten Bürgermeister die »schnelle Eingreiftruppe« der OKA alarmieren mußten.

Auch ein »Überfall« von Müttern und Kindern auf Landeshauptmann Ratzenböck machte Eindruck, die Diskussion mit dem Landesfürsten weniger. Ratzenböck: »Schauts Leutln, andere Leute haben auch keinen Bach.«

»Von der grünen Wiese können wir nicht leben!«, sagt einer. Die Milch kommt aus der Molkerei und das Brot aus der Fabrik, eh klar. Grüne Wiese, pfui gack. Alsdann wurde sogar die Linzer Nibelungenbrücke das Opfer risikofreudiger Naturschutz-Akrobaten: Das mit mannsgroßen Buchstaben auf die Traversen gemalte »RETTET DAS HINTERGEBIRGE« grüßte den Linzern wochenlang und kilometerweit entgegen. Wie dieser Brückenfrevel in schwindelnder Höhe über der eiskalten Jännerdonau vonstatten ging, blieb der Öffentlichkeit und der ermittelnden Behörde ein Rätsel.

Das Erfolgsrezept der Bürgerinitiative: eine Mischung aus beinharter Knochenarbeit bei der sogenannten Bewußtseinsbildung und spektakulären Aktionen zur Mobilisierung der Öffentlichkeit. Die einst so betonharte Front der Mauerbauer bröckelte ab. Dumme Rundumschläge der Betonhaberer erleichterten noch dazu die Arbeit der Bürgerinitiative.

Polizeioberstleutnant, »sozialistischer« Landtagsabgeordneter, seines Zeichens ebensolcher Bürgermeister von Reichraming, Abendschul-B-Maturant, Hauptredner und Ehrengast aller Hochzeiten, Begräbnisse und Vereinsveranstaltungen, Faschingsprinz, örtlicher Multipräsident und -obmann, von Freunderln huldvoll »Udo« und von anderen »der B.« genannt, also Herr Polizeioberstleutnant Udo B. versteht plötzlich seine Welt aus Funktionieren, Gehorsam, Uniform und Habt Acht nicht mehr. Sein Weltverständnis von der ganzen Welt als Polizeika-

serne läßt das nicht zu, was jetzt in »seiner Gemeinde« geschieht und woran sich sogar einige seiner »lieben Mitbürgerinnen und Mitbürger« beteiligen. Aber er glaubt, sie schon zu kennen, seine blockfreien Gesellen: da sind welche dabei, die haben noch nie in ihrem Leben was gearbeitet, und einige lassen sich sogar von ihren Frauen aushalten. Geschüttelt von der Horrorvision, seine Gemeinde sei unterwandert von Studenten und Lehrern, von Emanzen, von verweichlichten Hausmännern, die Geschirr abwaschen und Babyhintern putzen, von Bärtigen und Langhaarigen, allesamt natürlich unter der Einwirkung gefährlichster Rauschgifte stehend, sitzt er in seinem gepolsterten Amtsstuhl, einsam und verlassen, genehmigt sich einen huldvollen Blick auf sein eingerahmtes Antlitz gegenüber und brütet so manche nachtschwarzen Gedanken aus, während die Seinigen, nach dem gestillten Bier- nun Tatendurst zeigend, sich grölend dem Besetzerlager nähern. Ein nichtsahnend des Weges schreitender, aber nichtsdestoweniger erkannter Naturschützer wird gleich statusgemäß behandelt, im Steinhagel und mit blutigem Schädel flüchtet er in den Wald.

Dann stehen sie wie aufgepflanzt vor dem Lager. Einer schreit: »Jetzt kumma'ma owi!« und droht mit der Faust. »Jetzt zag ma's eich!«, wird ergänzt. Die Feuer knistern. Die Besetzer zeigen sich ruhig. Angst ist dabei. Die Horde schimpft sich 'mal gewaltig aus. Endlich scheint die Vision des oberösterreichischen Holz-Gewerkschaftsführers und des dritten Mannes der SPÖ-Oberösterreich, Hubert Wipplinger, in Erfüllung zu gehen: »Wir brauchen keine Naturschützer nicht. Wir werden sie stellen, Mann für Mann«, hat er bei einer Podiumsdiskussion gedroht. Vielleicht ist es das Gebell der Besetzerhunde, wohl aber auch die unheimliche Stille im Lager, oder einige verwegene Besetzer, die ruhig und sanft mit den

Aufgebrachten diskutieren: Nach langem Hin und Her gibt es für die hemdsärmeligen Aufräumer nur ein Zurück. Die von manchen sehnlichst herbeigewünschte Auseinandersetzung zwischen Arbeitern und Besetzern findet nicht statt. Zwei Wochen später ist das Kraftwerk gefallen. Auf einmal, der Widerstand hatte seinen Höhepunkt erreicht, besinnen sich die Politiker seiner Unwirtschaftlichkeit. Die Besetzerschar kann abziehen.

14 davon kommen wegen Besitzstörung vor den Bezirkskadi. Bei zwei von ihnen hat sich die EKW im Telefonbuch beim Namen verschaut, einer war noch nicht einmal im Hintergebirge, der Rest wurde zwar verurteilt, die hohen Gerichtskosten konnten jedoch durch eine solidarische Spendenaktion zur Gänze aufgebracht werden. Das war im Sommer 1984. Die Generalprobe für Hainburg hatte geklappt.

Nachtrag:
Seit 1984 hat sich in den Köpfen der Betroffenen doch vieles verändert. Eine große Mehrheit setzt sich nun gemeinsam dafür ein, daß das Hintergebirge den Status der »Unberührbarkeit« (Nationalpark) bekommt. Einer scharfen Kritik an Landeshauptmann, Bürgermeister, Gewerkschaftsfunktionären etc. wurde in der Zwischenzeit die Grundlage entzogen. Dies sei nicht nur der Form halber, sondern auch zur Freude festgestellt.

Noricum-GHN 15,5 cm-Kanone

Reichweite über 30 km, für Giftgas- und Atomgranaten geeignet, zum Stückpreis von ca. 15 Mio. S in den Irak verschoben: Dieses VÖEST-Ungetüm aus dem steirischen Liezen verbreitete schon im Herbst 1981 bei der Bevölkerung rund ums Hintergebirge Angst und Schrecken. Eine »technische Versuchanstalt für Funktionsproben« (VÖEST-Diktion), kurz: ein Kanonenschießplatz sollte Leben ins verschlafene Gebirge bringen. Nicht wenige Politiker fanden sich – viele sind noch in Amt und Unwürde –, die dieses Projekt vehement unterstützten.

Eine eilig gegründete »Aktionsgemeinschaft Hintergebirge« kreierte den Slogan »Wandern statt Schießen« und hatte bald einen Großteil der Bevölkerung hinter sich. Das Argument der Kanonenliebhaber: Arbeitsplätze für die krisengeschüttelte VÖEST und für die Gemeinden. Die Granaten schlagen sowieso in eine »ungangbare Schutthalde« ein, wurde gegen Naturschützer und Wanderer vorgebracht. Wer schon einmal durch die Wälder des Föhrenbachtales gewandert ist, der kann sich nur wundern.

Makabres Detail am Rande: Kanonengegner hatten schon 1981 lautstark ihre Bedenken geäußert, daß dieser Kanonentyp für das österreichische Bundesheer nicht geeignet sei und er mit Sicherheit in Krisengebiete, Neutralität hin, Gesetze her, z. B. an den Golf verkauft würde. Die »Kanonenschieber« wiesen diesen Vorwurf als infame Lüge zurück und drohten mit rechtlichen Schritten. Ein Jahrzehnt später pfeifen den Golf-Aliierten irakische GHN-Granaten um die Ohren, die betreffenden Manager sind rechtskräftig verurteilt, und die verantwortlichen Politiker sind im Kriminal.

Jedenfalls, nach ein paar Probeschüssen im Gelände wurde der Widerstand noch stärker, 30.000 Gegner-Unterschriften wurden innerhalb weniger Tage gesammelt, ein Aufschrei ging durch die Öffentlichkeit, die Politiker wurden immer wankelmütiger, im April 1982 wurde die VÖEST endgültig aus dem Hintergebirge verbannt.

Das Kraftwerk: Symbol der Ökorevolte

Die Chronik seines Falls:

Mai 1982:

Veröffentlichung der Kraftwerkspläne durch die Ennskraftwerke AG (EKW); Alpenverein und Naturschutzbund sprechen sich dagegen aus.

Oktober 1982:

Herausgabe einer schriftlichen Projektsinformation durch die EKW. Gründung der »Basisgruppe – Schützt das Hintergebirge«; sie wird zur »Speerspitze« des Widerstands.

November 1982:

Große Podiumsdiskussion in Steyr: mit Bussen herbeigekarrte Bauarbeiter lösen Tumult aus.

Dezember 1982:

Gegner formieren sich massiv; Idee eines Nationalparks ohne Speicherseen wird von ihnen lanciert. Politiker lehnen ab.

Jänner 1983:

Landeshauptmann Ratzenböck spricht sich für die Speicherseen aus. Argumente: Wasser statt

Kohle und Atom, Elektroheizungen statt Hausbrand.

Februar 1983:

Gründung der »Arbeitsgemeinschaft Hintergebirge« (Dachorganisation zum Schutz des Hintergebirges – 35 Organisationen vom WWF, Alpenverein bis zum Jagdverband).

März 1983:

Landesregierung beschließt, vor endgültiger Entscheidung ein Um-

weltgutachten des Naturschutzbundes abzuwarten.
Versammlungen der Bürgerinitiativen in den Gemeinden.

Juli 1983:

Turbulente Diskussionsveranstaltung in Reichraming mit Freibier für Kraftwerks-Jasager und Drohungen gegen Leib und Leben der Gegner.

Oktober 1983:

Verleihung des Österreichischen Naturschutzpreises an die Basisgruppe.

Februar 1984:

Präsentation des Umweltgutachtens: »Hintergebirge als biogenetisches Reservat ersten Ranges«. Landesregierung baut auf Fehlinterpretation des Gutachtens und erklärt: »Es kann gebaut werden!«

Aktionstage der Bürgerinitiative in Linz: »Das Hintergebirge soll leben!« Großveranstaltung mit Klaus Gerosa (Schutzgemeinschaft Alpen), Univ.-Prof. Dr. Bernd Lötsch und DDr. Günther Nenning.
Zeitungsschlagzeile: »Hintergebirge wird zum Symbol der Ökorevolte!«

März 1984:

SPÖ und ÖVP sprechen sich einhellig für den Kraftwerksbau aus.

April 1984:

Der Handelsminister erklärt, was die Gegner schon lange wußten: Das Kraftwerk ist unwirtschaftlich. E-Wirtschaft und Politiker sind betroffen; die Kraftwerks-Einheitsfront bröckelt ab.
Robert Jungk in Steyr: »Streut Sand ins Getriebe der Macht!«

Mai 1984:

EKW setzt auf Flucht nach vorne: Sie beginnt mit dem Bau.

Juni 1984:

Die Baustelle wird besetzt: Nach zwei Wochen erklären die Politiker das vorläufige Aus für das Projekt.

September 1985:

EKW zieht Kraftwerkspläne zurück.

November 1987:

EKW unternimmt neuen Vorstoß, der Landeshauptmann spricht sich dagegen aus.

August 1989:

Landesregierung für Nationalpark; das Kraftwerk scheint endgültig gestorben.

Kampf ums Trinkwasser

Der nächste Konflikt scheint vorgezeichnet. Es ist der Kampf ums Trinkwasser. »In dem Maße, in dem der Bedarf an Wasser ständig wächst, werden die Konflikte zwischen Nationen um gemeinsame Vorräte vermutlich zunehmen«, wußte der Umweltbericht an den amerikanischen Präsidenten »Global 2000« schon Anfang der siebziger Jahre zu warnen.

Bei uns wird es wieder einmal eine Auseinandersetzung zwischen Regionen. Das Grundwasser der Ballungszentren ist hoffnungslos verseucht. Brunnenvergifter aus Industrie, Gewerbe und Agrarlobby (und da sind nicht die Bauern gemeint!) haben ganze Arbeit geleistet. Nitrate, Pestizide, chlorierte Kohlenwasserstoffe und weiß der Teufel was noch alles verwandeln schön langsam unser Lebenselexier zum Giftcocktail. Auf die »Großen« alleine können wir die Schuld nicht abwälzen. Die

Giftarsenale in unseren Durchschnittshaushalten sind gut sortiert: Aggressive Reinigungs- und Putzmittel, Kloreiniger, die als potentielle Chlorbomben einen Hauch von Gaskrieg in jedes stille Örtchen tragen, und jene üblen Klomuschelsteine oder -essenzen, die tropische Duftnoten und poppige Farbnuancen ins Spülwasser bringen — diese alltägliche, vom Normalverbraucher verursachte Wasservergiftung läßt sich durch Kläranlagen nicht aus der Welt schaffen. Die Substanzen bleiben im Wasser oder gelangen in den Klärschlamm, der als Sondermüll behandelt werden muß.

Wasser ist kostbar. Der Mensch braucht zum Überleben täglich drei Liter, rein und unverseucht. Insgesamt vergeudet der Durchschnittsbürger jedoch 150 Liter Trinkwasser am Tag, 45 Liter für die Klospülung, 80 Liter für Baden, Duschen, Wäschewaschen, der

Rest gehört Auto und Garten. Rechnet man noch den enormen Trinkwasserverbrauch der Industrie dazu, so können wir uns gut vorstellen, daß in nächster Zeit die Ballungsgebiete nach neuen Quellen gieren. Und da gibt es, oh Wunder, Berg- und Waldgebiete mit schier unerschöpflichen Wasservorkommen.

Schon werden neue Speicher und Bachausleitungen, auch im Hintergebirge, projektiert. In nicht wenigen Schreibtischladen liegt genügend Zündstoff für neue Auseinandersetzungen à la Hainburg, Hintergebirge und Co. Die Logik der Gegenargumente: Es geht nicht an, daß wir wissentlich unsere riesigen Grundwasservorräte weiter verseuchen, ohne durchgreifend gegen die großen Brunnenvergifter vorzugehen. Stattdessen planen Politik und Industrie den nächsten Großangriff auf unsere Bäche.

»Der Mensch hat die fatale Fähigkeit, sich selber
zu betrügen und zu sagen, so schnell wird es
nicht kommen. Aber in absehbarer Zeit wird
dieser blaue Planet eine einzige Wüste sein.«
(Robert Jungk anläßlich eines Vortrages in Steyr
über Einladung
der »Arbeitsgemeinschaft Hintergebirge«)

»Ich staune, mit welcher Selbstsicherheit auf Zeit
gewählte Politiker das Todesurteil für eine
Landschaft fällen, nämlich Tod durch Ersäufen!«
(Bernd Lötsch, 1. Juli 1983)

»Es ist mir unvorstellbar, wie man nur daran
denken kann, dieses letzte zusammenhängende
Waldgebiet Oberösterreichs durch einen
Kraftwerksbau zerstören zu wollen.« (Konrad
Lorenz 1983 über den geplanten Kraftwerksbau
im Hintergebirge)

Ganz links: Prof. Robert Jungk.
Mitte: Univ.-Prof. Dr. Bernd Lötsch.
Links: Univ.-Prof. Dr. Konrad Lorenz (†).
Unten: Reichraming 1989:
Nationalparkplaner Mag. Kurt
Rußmann erklärt dem
Landeshauptmann von
Oberösterreich, Dr. Josef Ratzenböck,
sowie weiteren Vertretern der
Landesregierung und der
Österreichischen Bundesforste das
Nationalpark-Projekt: Die Politiker
haben sich für den Schutz des
Hintergebirges durchgerungen und
dabei gehörige Lernfähigkeit
bewiesen.

Aber wo . . .

Wir sind reich an Straßen und Autobahnen,
die uns fortführen.
Aber wo sind die Auswege?

Wir sind reich an Autos,
die uns forttragen.
Aber wo sind unsere weitreichenden Gedanken?
Wo die endlosen Phantasien?

Wir sind reich an Informationen,
aber wo sind unsere Einsichten,
unsere eigenen Gedanken, Meinungen.

Tagtäglich sehen wir stundenlang fern
und gebärden uns dabei immer kurzsichtiger.

Wir sind reich an Grünflächen,
aber arm an bunten Wiesen, wilden Orchideen.

Wir sind reich an weiten Forstkulturen,
aber arm an tiefen Wäldern.
Auch wir. Hier.

Herzlichen Dank . . .

möchten wir all jenen ausdrücken, die beim Werden dieses Buches
mitgeholfen haben, insbesondere

Angela Ahrer, Großraming – Helmut Ahrer, Großraming – Silvester
Ahrer, Reichraming – Michael Atteneder, Steyr – Kurt Bach, Steyr
(Fotos Seite 12/13, 51) – Anton Brandecker, Großraming – Erwin
Brandner, Steyr (Fotos Seite 152 oben, 164/165, 167) – Theresia
Daucher, Ernsthofen – Maria Duschek, Waidhofen a.d. Ybbs –
Ing. Wolfgang Duschek, Waidhofen a.d. Ybbs – Hermine Fösleitner,
Reichraming – Ferdinand Gollner, Reichraming – Harald Gramberger,
Bad Hall (Foto Seite 190/191) – Anna Großschartner, »Annerl Tant'«,
Altenmarkt – Dipl.-Ing. Peter Heindl (Österreichische Bundesforste),
Reichraming – Viktoria Katzensteiner, Reichraming – Hermann
Kittinger, Reichraming – Friedrich Klein, Großraming – Maria
Laussamayer, Reichraming – Leopoldine Meissl, Altenmarkt –
Hischam Momen, Wien – Silvester Oberecker, Reichraming – Renate
Oder, Reichraming – Helmut Pum, Steyr (Fotos Seite 36/37, 50, 53, 76/
77, 78/79, 150/151, 153, 156/157, 158/159, 160, 161, 162, 163, 182 oben,
187 oben) – Erna Rieder, Losenstein – Angela Rohrweck, Reichraming
– Alois Scharnreitner, Großraming – Angela Schiffthaler, Reichraming
– Dipl.-Ing. Bernhard Schön, Feldkirchen – Erich Sieghartsleitner,
Maria Neustift – Maria Sieghartsleitner, Maria Neustift – Peter Steiner,
Reichraming – Herwig Stonitsch, Großraming – Edith Velano,
Reichraming – Maria Wartecker, Reichraming – Michael Wartecker,
Reichraming – Gertrud Wick, Großraming – Walpurga Wiesenbauer,
Reichraming – Josef Wilhelm, Großraming – Manfred Zierer, Steyr
(Foto Seite 31 unten)

Besonderen Dank an alle, die sich für die Erhaltung des Hintergebirges
engagiert haben!